"十四五"职业教育国家规划教材

新能源汽车整车控制系统原理与检修

赵振宁　侯丽春　主编

"互联网+"教材

全书配套资源

北京理工大学出版社
BEIJING INSTITUTE OF TECHNOLOGY PRESS

内 容 简 介

本套教材针对电动汽车的电池和电池管理、电机及电机控制、整车控制三部分进行开发，本书为电动汽车整车控制部分，研究对象为纯电动汽车和混合动力汽车。

本书分为两部分——纯电动汽车整车控制（第1～7章）、混合动力汽车动力管理控制（第8～14章）。第1章，纯电动汽车的组成、使用与保养；第2章，纯电动汽车车辆控制；第3章，DC/DC转换器；第4章，电动汽车空调；第5章，减速箱驻车挡电路；第6章，新能源汽车总线控制；第7章，纯电动汽车制动控制及诊断；第8章，混合动力汽车动力管理系统控制；第9章，高压配电箱诊断与检修；第10章，电机系统控制及诊断；第11章，电池管理控制及诊断；第12章，米勒发动机系统诊断；第13章，DC/DC转换器控制与诊断；第14章，线控换挡控制及诊断。

本书可作为高校"新能源汽车技术""汽车检测与维修""汽车电子技术""汽车试验技术"等汽车专业的教材，也可供从事本专业工作的工程技术人员作入门参考。

版权专有　侵权必究

图书在版编目（CIP）数据

新能源汽车整车控制系统原理与检修/赵振宁，侯丽春主编. -- 北京：北京理工大学出版社，2019.11（2024.1重印）
　ISBN 978-7-5682-7923-9

　Ⅰ. ①新… Ⅱ. ①赵… ②侯… Ⅲ. ①新能源–汽车–控制系统–系统理论②新能源–汽车–控制系统–车辆检修　Ⅳ. ①U469.703

中国国家版本馆 CIP 数据核字(2019)第 251297 号

责任编辑：梁铜华　　**文案编辑**：曾　仙
责任校对：周瑞红　　**责任印制**：李志强

出版发行	/	北京理工大学出版社有限责任公司
社　　址	/	北京市丰台区四合庄路 6 号
邮　　编	/	100070
电　　话	/	(010) 68914026（教材售后服务热线）
		(010) 68944437（课件资源服务热线）
网　　址	/	http://www.bitpress.com.cn
版印次	/	2024 年 1 月第 1 版第 8 次印刷
印　　刷	/	三河市华骏印务包装有限公司
开　　本	/	787 mm×1092 mm　1/16
印　　张	/	18.25
字　　数	/	368 千字
定　　价	/	54.00 元

图书出现印装质量问题，请拨打售后服务热线，负责调换

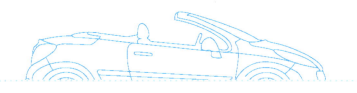

前言

新能源汽车产业是推进新型工业化，加快建设汽车制造强国，推动制造业向高端化、智能化、绿色化发展，提升战略性资源供应保障能力，实现绿色、环保和低碳发展的重要支撑产业。

德才兼备、知行合一的高素质人才是国家和民族长远发展之大计。为贯彻落实党的二十大精神，满足汽车产业对高素质、高技能人才的需要，本书在编写上最大程度体现新能源汽车整车控制关键技术的最新发展。根据职业教育学生的认知特点，本书强化了"实践与理论相结合"思想意识的深入引导。同时为满足立德树人的根本目的，在工作场所和实训操作过程中强化了安全意识培养；注重动手能力培养；在实训操作环节注重了5S的应用培养；在班组管理中，强化了小组分工轮换多角色人际关系培养；注重学生上网查阅资料培养；注重了学生树立民族品牌识意，以实际行动践行爱国情怀的培养。

本书为本套教材的电动汽车整车控制部分，研究对象为纯电动汽车和混合动力汽车。本书分为两部分——纯电动汽车整车控制（第1~7章）、混合动力汽车动力管理控制（第8~14章）。第1章，纯电动汽车的组成、使用与保养；第2章，纯电动汽车车辆控制；第3章，DC/DC转换器；第4章，电动汽车空调；第5章，减速箱驻车挡电路；第6章，新能源汽车总线控制；第7章，纯电动汽车制动控制及诊断；第8章，混合动力汽车动力管理系统控制；第9章，高压配电箱诊断与检修；第10章，电机系统控制及诊断；第11章，电池管理控制及诊断；第12章，米勒发动机系统诊断；第13章，DC/DC转换器控制与诊断；第14章，线控换挡控制及诊断。

本书可作为高职高专学校"新能源汽车技术""汽车检测与维修""汽车装配与调整""汽车试验技术"等向新能源汽车过渡的汽车专业，也可供从事本专业工作的工程技术人员作入门参考。

本书由长春汽车工业高等专科学校赵振宁、侯丽春编写，其中侯丽春编写第1~6章及对应工单、赵振宁编写第7~14章及对应工单。书中难免有不足之处，希望广大读者批评指正，以利将本教材开发得更好。

本书的讲解视频可通过扫描书内二维码或在百慕大汽车技术视频网（www.bmdcar.com）获取。

赵振宁

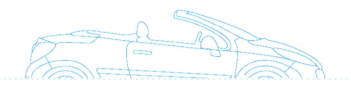

第1章 纯电动汽车的组成、使用与保养 ··· 001

1.1 典型电动汽车的组成 ··· 001
1.1.1 单电机轿车 ··· 001
1.1.2 单电机客车 ··· 002

1.2 电动汽车的使用与保养 ··· 003
1.2.1 电动汽车仪表的使用 ··· 003
1.2.2 电动汽车的保养 ··· 006

第2章 纯电动汽车车辆控制 ··· 008

2.1 整车转矩控制 ··· 008
2.1.1 车辆控制单元的功能 ··· 008
2.1.2 电动汽车转矩控制 ··· 011

2.2 纯电动汽车整车控制系统 ··· 015
2.2.1 整车控制信号输入 ··· 015
2.2.2 纯电动汽车冷却控制 ··· 019
2.2.3 高压互锁控制 ··· 020

第3章 DC/DC 转换器 ··· 023

3.1 DC/DC 转换器简介 ··· 023
3.1.1 DC/DC 转换器 ··· 023
3.1.2 DC/DC 转换器分类 ··· 024

3.2 电动汽车用电负荷 ··· 025
3.2.1 保留铅酸蓄电池的必要性 ··· 025
3.2.2 12 V/24 V 电气系统负荷 ··· 025
3.2.3 高压用电负荷 ··· 026

3.3 DC/DC 转换器的工作原理 ··· 027
3.3.1 全桥 DC/DC 转换器 ··· 028
3.3.2 双向 DC/DC 转换器 ··· 030

3.4 典型 DC/DC 转换器举例 ··· 031
3.4.1 DC/DC 转换器控制功能 ··· 031

3.4.2 降压型 12 V 转换器 032
3.5 典型 DC/DC 转换器的诊断与维修 034
　3.5.1 吉利 2017 款 EV300 电动汽车 DC/DC 转换器 034
　3.5.2 北汽 2017 款 EV160 电动汽车 DC/DC 转换器 035
　3.5.3 一汽奔腾 B50 EV 电动汽车单向 DC/DC 转换器 037
3.6 DC/DC 充电保险断开故障诊断 038
3.7 DC/DC 转换器损坏故障诊断 039

第 4 章　电动汽车空调 042

4.1 空调制冷/制热方式 042
　4.1.1 半导体制冷/制热 043
　4.1.2 热泵型空调系统制冷/制热 044
　4.1.3 驻车加热器制热 046
　4.1.4 PTC 加热器的电制热方式 046
4.2 电动制冷过程 047
　4.2.1 单制冷式空调 047
　4.2.2 电动变排量涡旋式制冷压缩机 049
4.3 纯电动汽车空调不制冷故障诊断 051
　4.3.1 电动汽车制冷工作过程 051
　4.3.2 压缩机不制冷的故障原因分析 052
　4.3.3 制热工作控制过程 053
4.4 空调无暖风故障诊断与排除 054

第 5 章　减速箱驻车挡电路 057

5.1 纯电动汽车传动系统结构的形式 057
　5.1.1 传动系统结构的驱动形式 057
　5.1.2 不同车型的变速器 058
5.2 典型减速箱的原理与诊断 061
　5.2.1 减速箱 061
　5.2.2 P 挡电机控制器 061
　5.2.3 驻车挡无法解除 064

第 6 章　新能源汽车总线控制 066

6.1 汽车通信技术 066
　6.1.1 汽车通信的必要性 066
　6.1.2 数据传输的特点 067
　6.1.3 串行异步通信技术 068
　6.1.4 传感器集成级对通信的影响 069
　6.1.5 汽车网络可用的传输介质 070
　6.1.6 汽车网络系统 071

6.2　LIN 总线·······072
6.2.1　LIN 总线简介·······072
6.2.2　LIN 的主要特性·······072
6.2.3　LIN 的通信规则·······073
6.2.4　LIN 的应用场合·······073
6.2.5　LIN 端口的工作原理·······074
6.2.6　LIN 总线的自动寻址原理·······074
6.2.7　大众 LIN 总线·······075

6.3　CAN 总线·······081
6.3.1　CAN 总线简介·······081
6.3.2　CAN 总线的端口工作原理·······082
6.3.3　网关·······085
6.3.4　CAN 总线电阻·······086
6.3.5　CAN 格式·······088
6.3.6　CAN 总线诊断与检修·······090
6.3.7　CAN 总线示波的诊断·······092

6.4　汽车 FlexRay 总线·······093
6.4.1　FlexRay 总线原理·······093
6.4.2　FlexRay 总线检修·······095

6.5　汽车 MOST 总线技术·······099
6.5.1　MOST 总线应用·······099
6.5.2　MOST 总线控制单元部件·······101
6.5.3　光纤·······103
6.5.4　MOST 总线自诊断原理·······105
6.5.5　光纤通路的检验方法·······106

6.6　驾驶员的申请控制·······106
6.6.1　换挡杆的申请控制·······106
6.6.2　P 挡驻车锁止控制·······107
6.6.3　线控换挡杆的倒车灯控制·······108

6.7　起动控制和防盗控制·······108
6.7.1　起动控制·······108
6.7.2　防盗控制·······109

6.8　电池管理控制·······110
6.8.1　电池电量显示控制·······110
6.8.2　充电电压控制·······110

6.9　充电过程控制·······111
6.9.1　充电唤醒控制·······111
6.9.2　交流充电控制·······112
6.9.3　直流充电控制·······113

第 7 章　纯电动汽车制动控制及诊断 ... 115
7.1　电动真空泵控制 ... 115
7.1.1　ABS/ESC 控制单元的真空度控制 ... 115
7.1.2　真空度的概念 ... 117
7.2　真空度控制系统诊断方法 ... 117

第 8 章　混合动力汽车动力管理系统控制 ... 120
8.1　混合动力汽车动力管理控制功能 ... 120
8.1.1　混合动力汽车动力管理系统 ... 120
8.1.2　混合动力汽车动力管理系统功能 ... 121
8.2　检查的注意事项 ... 125
8.2.1　检查混合动力控制系统的注意事项 ... 125
8.2.2　检修塞和逆变器互锁电路 ... 126
8.2.3　激活混合动力控制系统的注意事项 ... 127
8.2.4　断开 AMD 端子的注意事项 ... 127
8.3　混合动力汽车主要部件 ... 128
8.4　系统描述 ... 132
8.4.1　基本操作 ... 132
8.4.2　系统图 ... 133
8.4.3　主要零部件的功能 ... 134
8.4.4　故障症状表 ... 135

第 9 章　高压配电箱诊断与检修 ... 138
9.1　混合动力蓄电池正极触点电路卡在关闭位置 ... 138
9.2　绝缘检测 ... 140
9.3　混合动力蓄电池组电流传感器 ... 141
9.4　混合动力蓄电池预充电触点控制电路低电位 ... 141

第 10 章　电机系统控制及诊断 ... 143
10.1　普锐斯逆变器 ... 143
10.1.1　逆变器 ... 143
10.1.2　驱动电动机 ... 145
10.1.3　发动机无法起动 ... 145
10.2　电机传感器诊断与检修 ... 147
10.2.1　电机解角传感器 ... 147
10.2.2　驱动电动机温度传感器 ... 148
10.2.3　发电机温度传感器 ... 149
10.3　冷却系统诊断与维修 ... 150
10.3.1　逆变器冷却系统性能 ... 150

10.3.2 电动机逆变器温度传感器 150
10.3.3 发电机逆变器温度传感器 151

第 11 章 电池管理控制及诊断 152

11.1 主要零部件位置 152
11.1.1 电池管理系统主要部件图 152
11.1.2 系统电路图 152
11.1.3 系统描述 156
11.2 电池管理系统检修 156
11.2.1 混合动力蓄电池组传感器模块 156
11.2.2 动力管理控制 ECU 和蓄电池智能单元通信线 157
11.2.3 混合动力蓄电池组的分组电压 157
11.2.4 混合动力蓄电池组冷却鼓风机控制电路低电位 158
11.2.5 高压保险丝 160
11.2.6 混合动力蓄电池温度传感器 160
11.2.7 混合动力蓄电池组进气温度传感器 160
11.2.8 混合动力蓄电池组电流传感器 161
11.2.9 蓄电池智能单元和动力管理控制 ECU 的通信 162
11.2.10 动力管理控制 ECU 与电池智能单元有关的输入/输出 163

第 12 章 米勒发动机系统诊断 164

12.1 发动机检修前的准备工作 164
12.1.1 安全防护 164
12.1.2 混合动力控制系统的激活 165
12.1.3 诊断仪的使用 166
12.1.4 断开蓄电池负极电缆的注意事项 166
12.2 系统原理图和故障症状表 166
12.2.1 发动机系统元件 166
12.2.2 系统原理图 168
12.2.3 故障症状表 172
12.2.4 基本检查 174
12.2.5 检查间歇性故障 174
12.3 位置类传感器诊断与维修 174
12.3.1 曲轴位置传感器 174
12.3.2 凸轮轴位置传感器 175
12.3.3 节气门位置传感器 176
12.4 空气质量计量类传感器诊断与维修 177
12.4.1 质量空气流量计 177
12.4.2 歧管绝对压力传感器 177
12.4.3 进气温度传感器 178

12.5 温度类、振动类传感器诊断与维修 ………………………………………… 179
　12.5.1 冷却液温度传感器 ………………………………………………… 179
　12.5.2 爆震传感器 …………………………………………………………… 180
12.6 氧传感器诊断与检修 …………………………………………………………… 181
　12.6.1 空燃比氧（A/F）传感器 …………………………………………… 181
　12.6.2 三元催化器效率监测氧传感器 …………………………………… 182
12.7 ECM 电路 ………………………………………………………………………… 183
　12.7.1 系统电压 ……………………………………………………………… 183
　12.7.2 ECM 处理器 ………………………………………………………… 183
　12.7.3 ECM 内部发动机关闭计时器性能 ……………………………… 184
　12.7.4 与 HV ECU 失去通信 ……………………………………………… 185
　12.7.5 ECM 电源电路 ……………………………………………………… 185
　12.7.6 VC 输出电路 ………………………………………………………… 185
　12.7.7 发动机 ECM 如何检查故障 ……………………………………… 187
12.8 执行器诊断与维修 ……………………………………………………………… 187
　12.8.1 点火线圈初级/次级电路 …………………………………………… 187
　12.8.2 点火系统 ……………………………………………………………… 189
　12.8.3 燃油蒸气排放控制系统清污控制阀 ……………………………… 190
　12.8.4 节气门执行器控制电动机 ………………………………………… 191
　12.8.5 发动机冷却液泵 ……………………………………………………… 193
　12.8.6 可变配气正时系统诊断 …………………………………………… 193
　12.8.7 燃油泵控制电路 ……………………………………………………… 195
　12.8.8 喷油器电路 …………………………………………………………… 195
　12.8.9 MIL 电路 ……………………………………………………………… 197
　12.8.10 继电器控制 …………………………………………………………… 198
12.9 米勒循环发动机系统端子测量 ……………………………………………… 199
　12.9.1 ECM 端子识别 ……………………………………………………… 199
　12.9.2 ECM 端子之间的标准正常电压 ………………………………… 199
12.10 米勒循环发动机系统示波诊断 …………………………………………… 202
12.11 典型工作任务：米勒循环发动机数据分析 ……………………………… 205

第 13 章　DC/DC 转换器控制与诊断 …………………………………… 208

13.1 增压 DC/DC 转换器的诊断与检修 ………………………………………… 208
13.2 降压 DC/DC 转换器的诊断与检修 ………………………………………… 209
　13.2.1 DC/DC 转换器状态电路 NODD …………………………………… 209
　13.2.2 DC/DC 转换器状态电路 VLO ……………………………………… 211
　13.2.3 DC/DC 转换器状态电路 IDH ……………………………………… 211

第 14 章　线控换挡控制及诊断 …………………………………………… 212

14.1 选挡和换挡控制 ………………………………………………………………… 212

14.1.1	换挡杆传感器	212
14.1.2	线控换挡信号	214

14.2 驻车制动控制 215
    14.2.1 驻车挡和空挡开关 215
    14.2.2 换挡控制模块 216

第1章

纯电动汽车的组成、使用与保养

在一次外出救援工作中,小林遇到停在楼下的一辆纯电动汽车无法行驶。你知道解决这个问题要用到哪些知识吗?

(1) 说出纯电动轿车的主要动力系统组成。
(2) 说出纯电动客车的主要动力系统组成。
(3) 说出纯电动汽车仪表新增的指示灯、警告灯和故障灯功能。
(4) 说出电动汽车相比燃油汽车新增的保养项目有哪些。

1.1 典型电动汽车的组成

目前,商品化的电动汽车为单电机结构。这是因为,若采用多电机结构,将不但成本高,而且技术控制难度大。所以,本书仅针对单电机结构的电动汽车进行介绍。只要弄懂了单电机结构,那么对多电机结构的电动汽车就不难理解了。

1.1.1 单电机轿车

图 1-1 所示为纯电动轿车电力驱动系统组成(前驱车型)。单电机轿车驱动采用锂离子电池、电动汽车变频器、电机三部分组成的动力系统,以及由两级减速器和差速器组成的传动系统,这两个系统组成电动汽车的电力驱动系统。

电力驱动系统的工作原理:锂离子电池的电能经正、负两条供电电缆加到变频器上,变频器将直流电换流为三相交流电传给电机,电机转动后,转速经减速箱里的两级主减速器降速增扭后到达差速器,经差速器两侧半轴到达车轮。

电子换挡杆位于 D 挡时,电机正转;位于 R 挡时,电机反转;位于 N 挡时,电机停转;位于 P 挡(或按下 P 挡开关)时,驻车电机经减速机构制动驻车棘轮,阻止驱动轮转动。

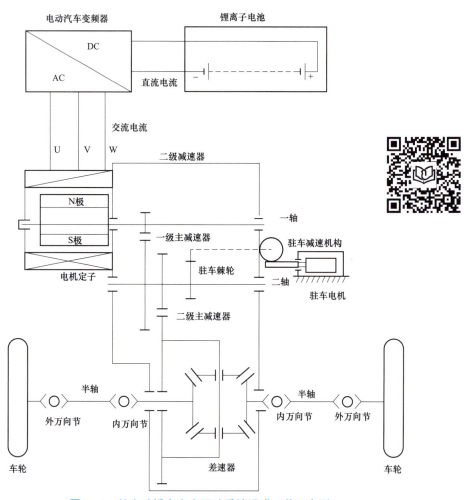

图 1-1 纯电动轿车电力驱动系统组成（前驱车型）

1.1.2 单电机客车

图 1-2 所示为纯电动客车电力驱动系统组成。客车采用后驱动形式，与前驱动形式（图 1-1）相比，主要采用了两挡（或三挡）变速器，以提高电机的效率。在客车上增加变速器，可降低动力电池的电压、变频器的容量和电机的功率，从而在一定程度上降低电动汽车的成本，还能降低传动系统的噪声。

电力驱动系统的工作原理：锂离子电池的电能经正、负两条供电电缆加到变频器上，变频器将直流电换流为三相交流电传给电机，电机转动后，转速经变速箱里的两挡变速器降速增扭后到达传动轴，经传动轴到主减速器再到差速器，经差速器两侧半轴到达车轮。

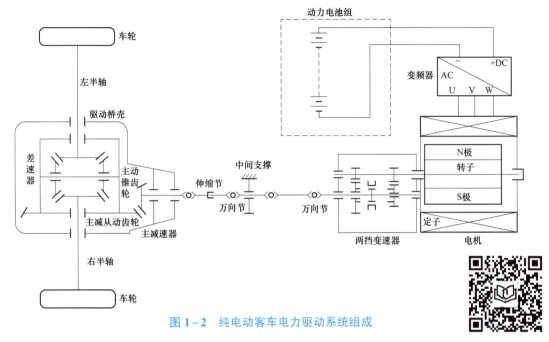

图 1-2 纯电动客车电力驱动系统组成

电子换挡杆位于 D 挡时,电机正转;位于 R 挡时,电机反转;位于 N 挡时,电机停转。客车的 P 挡制动系统位于 P 挡(或按下 P 挡开关)时,在变速器内一般不设计轿车的 P 挡锁止机构,直接用车辆的驻车制动实现,这与传统汽车相同。例如,液压制动的汽车(中小型车)采用中间传动轴制动方式;气压制动的汽车(大型客/货车)通过解除(放掉)制动鼓中的气压来实施弹簧制动,实现后轮驻车(通常也是驱动轮)。

国内有些低档客车采用取消变速器的形式,这通常是试制中的产品。取消变速器不仅会增加客户购车时电池、变频器和电机的成本,还会增加未来的使用成本。

1.2 电动汽车的使用与保养

1.2.1 电动汽车仪表的使用

相对传统燃油汽车的使用,纯电动汽车的主要区别在于汽车仪表(电机转速表、车速表)和三灯(指示灯、警告灯、故障灯)的意义。

(1)指示灯:通常是对驾驶员操作的一种反馈,如转向指示灯、远光指示灯、近光指示灯等。

(2)警告灯:通常用于指示车辆本身可能存在严重故障,如机油压力过低警告灯、蓄电池放电警告灯、制动警告灯等。

(3)故障灯:在电控系统的自诊断系统诊断出故障,并已存储了相关故障码时点亮,如发动机故障灯、变速箱故障灯、ABS 故障灯等。在打开点火开关时,故障灯会自检本身是否有故障,而指示灯和警告灯没有自检过程。

纯电动汽车仪表如图 1-3 所示。

图 1-3 纯电动汽车仪表

1. 动力电池荷电状态

动力电池荷电状态用于指示动力蓄电池的剩余电量，多用指针式显示，也可采用数字模拟指示条、数字式显示器。当 SOC 低于规定下限值时，应特别明显地标示出来。如果使用动力蓄电池更换系统，则最好能自动复位；如果不能自动恢复到全充满状态，则应能人工复位。

2. 指示灯、故障灯和警告灯

电动汽车的指示灯、故障灯和警告灯如表 1-1 所示。

表 1-1 指示灯、故障灯和警告灯

名称	图案	名称	图案
电机及变频器故障灯	（电机过热符号）	整车系统故障灯	（车辆故障符号）
动力蓄电池故障灯	（HV电池故障符号）	动力蓄电池切断警告灯	（HV电池切断符号）
动力蓄电池过热警告灯	（电池过热符号）	上电就绪指示灯	READY（OK）
动力蓄电池绝缘电阻低警告灯	（HV绝缘符号）	经济模式指示灯	ECO
动力蓄电池电量不足指示灯	（充电枪符号）	运动模式指示灯	SPORT

3. 电动汽车专用灯含义

1）电机及变频器故障灯

该灯亮，表示汽车电机及变频器有故障或过热。目前，其故障指示通常先由电机变频器向整车控制器发送，再由整车控制器触发仪表。未来的发展方向是诊断仪可与变频器系统直接通信，而无须使用整车控制器。若是过热导致该灯亮，则需要靠边停车，待车自然冷却。如果故障灯熄灭，则可继续行驶；如果故障灯一直不熄灭或者频繁亮起，则应去维修店检查。

2）动力蓄电池故障灯

该灯亮，表示动力蓄电池可能存在故障，应慢速行驶，及时维修；如果能够感觉到明显的故障，则最好停车，及时申请救援。目前，其故障指示多由电池管理系统向整车控制器发送，再由整车控制器触发仪表。电池管理系统内部存有故障码，对应相关故障，如电池间电压不一致、内阻不一致、温度不一致等。未来的发展方向是诊断仪可与电池管理系统直接通信，而无须使用整车控制器。

3）动力蓄电池过热警告灯

该灯亮，说明动力蓄电池过热，此时最好不要继续行驶，应该靠边停车，待蓄电池冷却、故障灯熄灭后，再行驶。在电池管理系统（BMS）正常情况下，此灯不会亮。

4）动力蓄电池绝缘电阻低警告灯

该灯亮，表示动力蓄电池绝缘性能降低。这有可能是长时间淋雨造成的，静置几天待车辆干燥也许能解决，否则只能去维修店检查。出现这类故障的原因是正极（或负极）母线有裸露部分与车身相连（或通过杂质相连），应及时排除。

5）动力蓄电池电量不足指示灯

当动力蓄电池电量低于30%时，该指示灯亮，表示动力蓄电池电量不足，可能满足不了驾驶里程的需求，需要及时充电。当动力蓄电池电量高于35%时，故障灯就会熄灭。该灯相当于传统汽车的燃油存量不足指示灯。

6）整车系统故障灯

该灯亮，说明整车控制器内部有了故障。这个故障灯的亮起频率较高，通常与其他故障灯一同亮起，表示动力系统故障。如果这个故障灯单独亮起，则表示系统总线通信出现故障，应及时维修。

7）动力蓄电池切断警告灯

该灯亮，表示动力蓄电池不能提供动力来源，蓄电池动力已切断，应及时维修。

8）上电就绪指示灯

绿色的"READY"指示灯亮（有些车采用"OK"灯表示），表示上电就绪，其含义为电池箱内的高压电经过高压配电箱的上电继电器加到变频器上，电机处于可驱动状态。

9）经济模式指示灯

该灯亮，则在同样加速踏板位置或变化速率下，电机动力性变弱，耗电量明显减小。

10）运动模式指示灯

该灯亮，则在同样加速踏板位置或变化速率下，电机动力性变强，耗电量明显增加。

4. 个别电动汽车的仪表可能功能

个别电动汽车的仪表可能有下列功能：

1）动力蓄电池电压表

一般不设计动力蓄电池的电压表，有些电动汽车虽对此设计，但仅采用数字显示。驾驶员踩下踏板时，数字显示的电压变动量大，数字变动太快，对驾驶员基本没有意义。

2）动力蓄电池电流表

一般不设计动力蓄电池电流表，若设计，则通常采用指针表或条状指示表。其用于测量流过动力蓄电池的电流。在仪表的标度盘上应规定准确的 0 位置；对于具有再生制动功能的车辆，在标度盘 0 位置的两个方向上都应标示正常工作电流的范围。

3）电机转速表

在实际中电动机转速突变较快，一般不设计电机转速表表盘，若设计则多采用指针表或条状指示表，当转速超过某一规定值时，应特别明显地标示。

5. 仪表中央的信息

仪表中央的信息显示屏一般提醒以下故障信息。

1）电机超速提醒信息

当电机超速时，最好用声信号与光信号同时向驾驶员发出警告。

2）蓄电池剩余容量下限提醒信息

当动力蓄电池的剩余容量低于某一占比（如 25%）时，应通过信号装置提醒驾驶员。

3）高压绝缘性能下降提醒信息

当绝缘电阻和爬电距离低于规定值时，应通过信号装置提醒驾驶员。绝缘电阻包括动力蓄电池的绝缘电阻、动力系统和车辆电底盘之间的绝缘电阻、动力系统和辅助电路之间的绝缘电阻。爬电距离包括蓄电池连接端子之间的爬电距离、带电部件与电底盘之间的爬电距离。

4）驾驶员不安全停车提醒信息

当驾驶员离开车辆时，如果驱动系统仍处于"可行驶"状态，则应通过信号装置提醒驾驶员。

1.2.2 电动汽车的保养

1. 更换冷却液

按厂家的使用手册提供的冷却液更换周期来更换冷却液，如图 1-4 所示为断开散热器下水管放出冷却液。储液罐冷却液加注位置如图 1-5 所示，储液罐液面应位于最低液位 MIN 和最高液位 MAX 之间。

图 1-4　放出电机冷却系统的冷却液

图 1-5　储液罐冷却液加注位置

注意：这种电动汽车会有两个储液罐，一个用于存储电机、变频器、DC/DC 转换器、车载充电机等共用的冷却液循环系统的冷却液，另一个用于存储电池制冷和制热时的冷却液。这两种冷却液应同周期更换。

2. 更换两级减速箱齿轮油

两级减速箱的齿轮油保养是要按厂家提供的使用手册提供的更换周期更换，减速箱装有放油螺栓（图1-6）和加油螺栓（图1-7）。

图1-6 两级减速箱的放油螺栓

图1-7 两级减速箱的加油螺栓

第 2 章

纯电动汽车车辆控制

在一次外出救援工作中,小林遇到一辆纯电动汽车无法上电行驶,诊断仪显示"高压互锁故障",你知道解决这个问题要用到哪些知识吗?

(1)说出纯电动轿车整车控制系统(VCU)的输入信号。
(2)说出纯电动轿车整车控制系统(VCU)的输出信号。
(3)说出纯电动轿车的生热部件。
(4)说出高压互锁电路的作用是什么以及如何进行诊断。

2.1 整车转矩控制

汽车的行为是人和微控制计算机共同控制的结果。在汽车上,人(驾驶员)将加速踏板位置信号、制动踏板位置信号、换挡杆位置信号输入控制器。该控制器是汽车的众多微控制计算机中权限最高、管理范围最宽泛的计算机。

2.1.1 车辆控制单元的功能

车辆控制单元(Vehicle Control Unit,VCU)又称"整车控制单元"。图2-1所示为吉利EV300纯电动汽车车辆控制单元(VCU)。

一个容易出现的误解是:整车控制单元(VCU)就是对整辆汽车的各个系统进行控制。由车辆控制单元最主要的功能可以发现,车辆控制单元更准确的名称应为"车辆动力管理控制器"或"电力驱动系统的总控制单元"。

在纯电动汽车上,车辆控制单元(VCU)称为整车控制器;在混合动力汽车上则被称为动力管理控制单元(HV-ECU)或混合动力控制单元或控制器。

图 2-1 吉利 EV300 纯电动汽车车辆控制单元

为什么不直接采用"车辆动力管理控制器"或"电力驱动系统控制单元"呢?这是因为,车辆控制单元(VCU)的名称是早期电动汽车开发者命名的,那时的电动汽车没有其他电控系统,所以沿用至今。现在从电动汽车开发角度来说,要开发一辆纯电动汽车,则包括开发电池和电池管理系统、电机和电机控制系统、整车控制系统(包括汽车电气、汽车底盘等)。

说明:本书并不是从开发的角度来设置内容。由于汽车电气系统和底盘系统本身自成体系,新能源汽车在电气和底盘方面与燃油发动机汽车基本相同,因此增加新能源汽车中关于电气系统和底盘系统的内容即可。本书从早期的车辆动力管理控制器的角度,注重典型的纯电动汽车和混合动力汽车的动力管理控制器功能控制。

车辆控制单元的功能如下:

1. 动力管理功能

驾驶员踩下加速踏板,将驾驶员的转矩需求输入车辆控制单元,车辆控制单元根据动力电池状态输出电机转矩控制目标数值,并把该控制目标数值发送给电机控制器(Motor Control Unit,MCU)。

电机控制器位于电机变频器的内部,用于控制电机变频器内部的逆变器,以实现供给电机的电流产生的电机转矩与控制目标数值相等。

2. 冷却控制功能

电动汽车的高压部件有动力电池、高压配电箱、变频器、电机、DC/DC 转换器、车载充电机、空调 PTC 加热器等。在这些高压部件中,变频器、电机、DC/DC 转换器、车载充电机四个部件需要用冷却液进行冷却。

为什么要对电机进行冷却呢?这是因为,汽车电机工作在非额定工况,定子线圈生热相对较多,定子线圈温度过高会导致定子线圈的绝缘下降,继而损坏电机。

为什么要对变频器、DC/DC 转换器和车载充电机进行冷却呢?这是因为,这三个高压部件在进行电力电子变换过程中会产生很多热量,热量积累会导致高压电子器件温度上升,甚至损坏。

冷却控制包括对水泵继电器控制(图 2-2)和散热器继电器(图 2-3)控制。

图 2-2　吉利 EV300 纯电动汽车水泵继电器位置　　图 2-3　吉利 EV300 纯电动汽车散热器继电器位置

3. 电动真空泵控制功能

纯电动汽车的制动系统仍采用真空助力器对双腔串联制动总泵进行助力，真空助力器的真空源自车辆控制单元（VCU）对真空泵继电器的控制（有的电动汽车的电动真空泵受 ABS 的制动控制单元控制）。吉利 EV300 电动真空泵及其继电器的位置分别如图 2-4、图 2-5 所示。

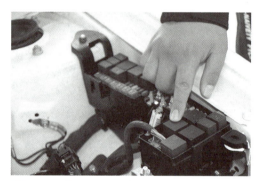

图 2-4　吉利 EV300 电动真空泵位置　　图 2-5　吉利 EV300 电动真空泵继电器位置

4. 网关控制功能

在纯电动汽车上，一般采用车辆控制单元（VCU）来实现低速网段控制单元（B-CAN）和高速控制单元（P-CAN）的通信，其工作原理如图 2-6 所示。

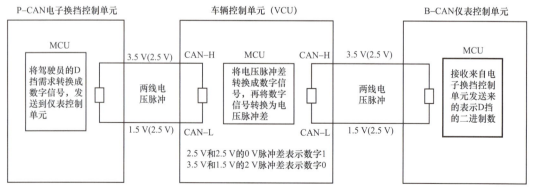

图 2-6　高速网（P-CAN）为低速网（B-CAN）速度的 5 倍

为了说明网关的功能,在此假定高速网(P-CAN)为低速网(B-CAN)速度的 5 倍,网段 P-CAN 的电子换挡控制单元(也称线控换挡杆单元)将代表换挡杆。例如,D 位置的数字数据以总线脉冲形式 0(3.5 V 和 1.5 V 的 2 V 脉冲差)、1(2.5 V 和 2.5 V 的 0 V 脉冲差)向右发送,车辆控制单元(VCU)将总线脉冲差进行解析,转换为数字信号 0、1(将 3.5 V 和 1.5 V 的 2 V 脉冲差转换为 0,将 2.5 V 和 2.5 V 的 0 V 脉冲差转换为 1),数字信号 0、1 代表的内容仍为换挡杆位置的数字数据,然后向右侧 B-CAN 发送,转换为总线脉冲,仪表控制单元将总线脉冲电压差进行解析,转换为数字数据 0、1。仪表查得这个数字数据为字母 D,于是仪表驱动显示器显示 D 位。

5. 自诊断功能

在纯电动汽车上,诊断仪连接在车辆控制单元(VCU)上,以实现对汽车所有电控单元的诊断,其工作原理如图 2-7 所示。

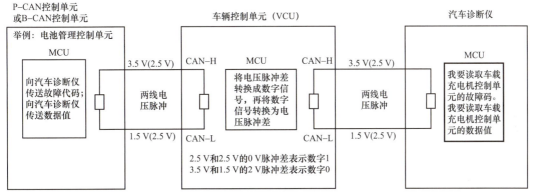

图 2-7 车辆控制单元(VCU)外接诊断仪功能

右侧的汽车诊断仪向车辆控制单元(VCU)申请读取电池管理系统的故障码,车辆控制单元(VCU)接收到诊断仪以总线脉冲形式发来的申请后,将总线脉冲差进行解析,转换为数字信号 0、1,其内容为:从电池管理系统读取的故障码,然后该数字信号被车辆控制单元(VCU)向左发送,转换为总线脉冲,电池管理系统将总线脉冲差进行解析,转换为数字信号 0、1,查得该内容为将自身诊断出的故障以故障码的形式传出。电池管理系统将自身数字化的故障码向右发送,转换为总线脉冲,车辆控制单元(VCU)将总线脉冲差进行解析,转换为数字信号 0、1。车辆控制单元(VCU)将代表故障码的数字信号向右发送,转换成总线脉冲,诊断仪将总线脉冲差进行解析,转换为数字信号 0、1,并从诊断仪自身的数据库查找这个故障码的具体内容,将这个查得的结果以解析后的故障码形式显示在诊断仪的屏幕上。

2.1.2 电动汽车转矩控制

电动汽车在驱动和制动时的控制目标是控制转矩。驱动时的转矩称为驱动转矩 T,$T=B \cdot I \cdot L$,由于电机结构固定(即磁感应强度 B 固定)、力臂 L 固定,因此电机转矩 T 可理解为电机被控制后的电流 I 的大小;制动时的转矩称为制动转矩,制动时的总制动转矩等于制动能量回收控制转矩和 ABS(汽车防抱死制动系统)制动控制转矩产生的制动力矩之和。

1. 驱动控制转矩

1) 驱动控制转矩的产生

如图 2-8 所示，反映驾驶员转矩需求的加速踏板位置传感器采用冗余设计，主信号电压输出和副信号电压输出不同，但在车辆控制单元（VCU）内部经微控制器（MCU）处理后反映的是同一个加速踏板的位置。例如，加速踏板位置位于 50% 开度时，从转矩曲线图查得电机转矩为 300 N·m。下一步，通过 CAN 总线将转矩 300 N·m 发送给电机控制单元。

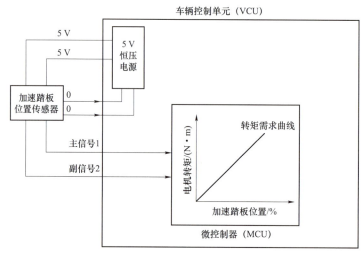

图 2-8 驱动控制转矩的产生

【特别指出】图 2-8 给出的是通常的电动汽车设计，还有些汽车的加速踏板位置传感器电路直接连接变频器内部的电机控制器，则加速踏板位置传感器的信号要经 CAN 总线传到车辆控制单元（VCU）。

2) 驱动控制转矩的发送

如图 2-9 所示，在车辆控制单元（VCU）内部，微控制器（Micro Control Unit，MCU）将查得的驾驶员转矩需求数据经 CAN 总线传给变频器内的电机控制器（Motor Control Unit，MCU），电机控制器收到该数据后决策如何完成这个任务。

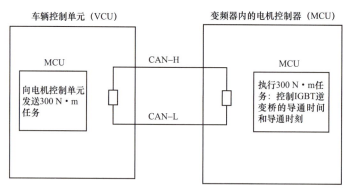

图 2-9 驱动控制转矩的发送

3) 驱动控制转矩的实现

如图 2-10 所示，电机控制器收到 300 N·m 的转矩任务后，开始计算电机对应的电流，并确定对应的 IGBT 导通时间和导通时刻。电机控制器控制 IGBT 驱动电路，IGBT 驱动电路驱动 IGBT 逆变桥的 6 个 IGBT 来实现汽车电机定子电流的控制。电机的相电流传感器将电流反馈给电机控制器（MCU），进行微小的 IGBT 导通时间修正，以实现精确地控制电机的电流反馈。

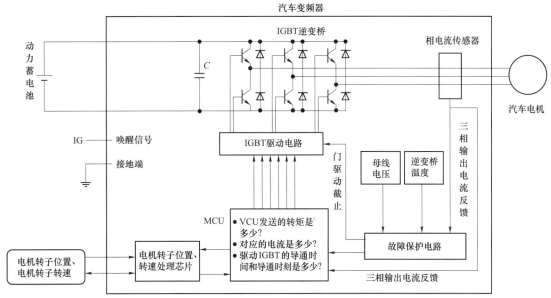

图 2-10 驱动控制转矩的实现

2. 制动控制转矩

1）制动控制转矩的产生

如图 2-11 所示，反映驾驶员制动转矩需求的制动踏板位置传感器采用冗余设计，主信号电压输出和副信号电压输出不同，但在车辆控制单元（VCU）内部经微控制器（MCU）

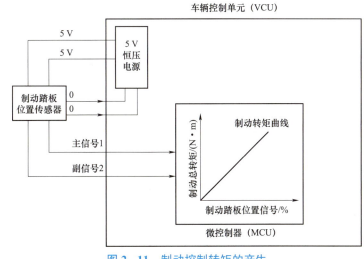

图 2-11 制动控制转矩的产生

处理后，反映的是同一个制动踏板的位置。例如，制动踏板被踩到80%开度时，查得的制动总转矩为1 000 N·m，接下来车辆控制单元（VCU）根据车速将总制动转矩分成液压制动转矩和电机制动转矩两部分，如800 N·m和200 N·m。

【**特别指出**】图2-11给出的是通常的电动汽车设计，还有些汽车将制动踏板位置传感器直接连接变频器内部的电机控制器（MCU），则制动踏板位置传感器的信号要经CAN总线传到车辆控制单元（VCU）。另外，制动踏板位置传感器的信号也可传输到ABS制动控制单元，由ABS制动控制单元计算制动总转矩，并分配自己要产生的液压制动转矩和电机要产生的制动转矩。

2）制动控制转矩的发送

如图2-12所示，车辆控制单元（VCU）内部经微控制器（MCU），将查得的驾驶员制动转矩需求（1000 N·m）分解为ABS实现液压制动力矩（800 N·m）、电机能量回馈制动转矩（200 N·m），且这两个数据分别经CAN总线传递给ABS/ESC控制单元和变频器内的电机控制器。然后，ABS/ESC控制单元和电机控制器各自完成自己的任务。

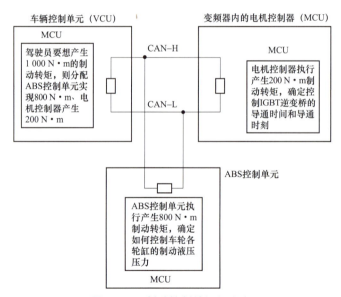

图2-12 制动控制转矩的发送

3）制动系统控制转矩的实现

如图2-13所示，ABS/ESC系统查得要产生800 N·m的力矩需要该车轮（假如为左前轮）的制动压强为8 MPa，ABS液压泵电机产生压力，并通过打开的进液电磁阀进入车轮，增大压强。左前轮液压通道内的压力传感器监测液压压强，当压强大于8 MPa（如8.1 MPa）时，ABS/ESC控制单元控制进液阀关闭，阻止高压液体进入车轮的液压通道，并将出液阀打开回液，以降低液压通道内的压强。由此，通过进液阀和出液阀的数字化控制来实现车轮的压强趋于8 MPa。

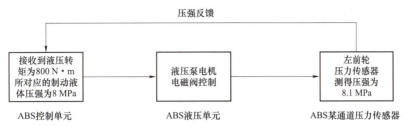

图 2-13 制动系统控制转矩的实现

4）电机制动控制转矩的实现

如图 2-14 所示，电机控制器收到 200 N·m 的转矩任务后，计算对应所需的电流，确定 IGBT 的导通时间和导通时刻。电机控制器控制 IGBT 驱动电路，IGBT 驱动电路驱动 IGBT 逆变桥下桥臂的 3 个 IGBT 来实现汽车电机定子电流的控制。电机的相电流传感器将电流反馈给电机控制器（MCU），从而进行微小的 IGBT 导通时间修正，以实现精确地控制电机的电流反馈。

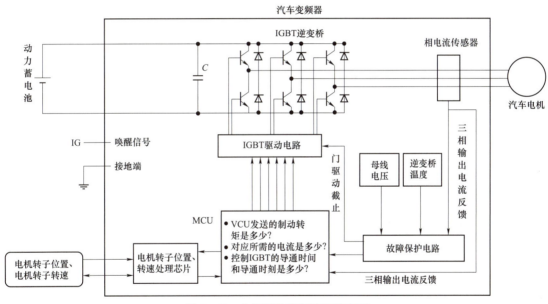

图 2-14 电机制动控制转矩的实现

2.2 纯电动汽车整车控制系统

2.2.1 整车控制信号输入

1. 加速踏板位置信号

加速踏板位置信号的作用：反映驾驶员的驾驶意图。踏板踩得越深，就反映驾驶员的加速要求越强,则对应汽车动力输出越强。

如图 2-15 所示,加速踏板位置传感器通常采用双冗余设计来实现自诊断。尽管是两个不同电压信号输出到车辆控制器(VCU),但由于在同一个加速踏板位置,因此经数字化后代表的是同一加速踏板位置。加速踏板位置信号通常用百分数表示。电路图中的端口:VCC 为 5 V 电源;GND 为接地;POS 为信号输出。

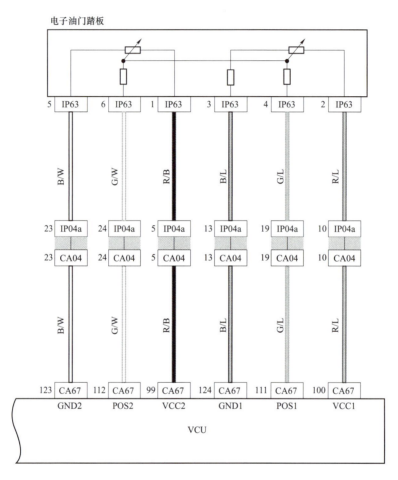

图 2-15 吉利 EV300 纯电动汽车(2017 年)款电路图

2. 制动开关信号

制动开关信号的作用:识别驾驶员的制动动作,可用于起动 READY 挡控制、停止电机动力输出、点亮制动灯,以及取消巡航。

如图 2-16 所示,制动开关信号采用双冗余设计:一个称为制动灯开关(制动开关 1),为常开开关,其信号用于制动灯控制;另一个称为制动踏板开关(制动开关 2),为常闭开关,其信号用于取消巡航控制。当驾驶员踩下制动踏板时,制动灯开关由常开变为常闭,制动踏板开关由常闭变为常开。制动开关电源为 12 V。

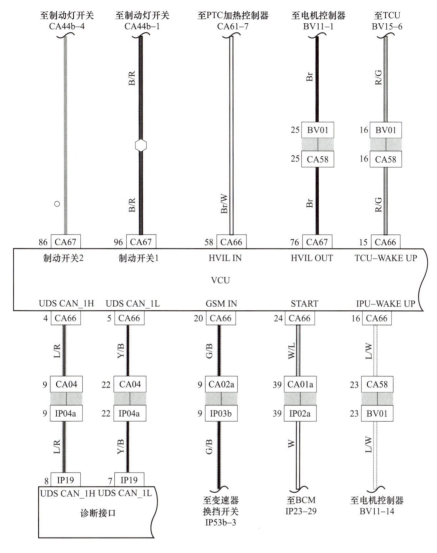

图 2-16 吉利 EV300 纯电动汽车（2017 年款）电路图

3. 换挡杆位置信号

换挡杆位置信号的作用：识别驾驶员对 R、N、D、P 位置的控制。R 位置用于起动倒车挡，控制电机反转输出；N 位置用于起动空挡，停止电机动力输出；D 位置用于起动前进挡，控制电机正转输出；P 位置用于起动驻车挡，停止电机输出，并控制锁止驱动轮。

如图 2-17 所示，换挡杆位置信号为开关信号，大多采用双冗余设计，有开关式、光电开关式、电阻编码式、霍尔式等。信号有单线串行输出型（如图 2-16 中的 GSM IN 信号）、双线串行输出型（也称 CAN 型）、多线输出型（也称并行输出型）。

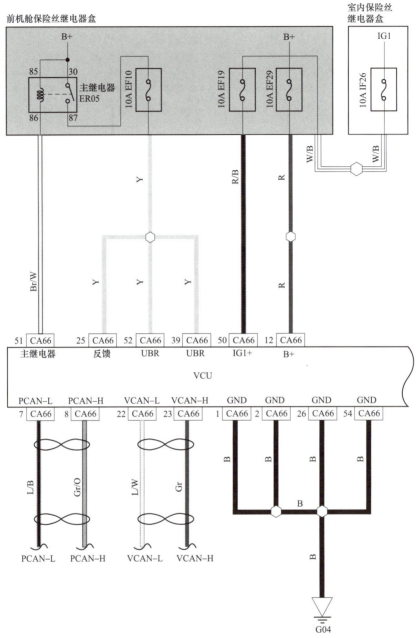

图 2-17 吉利 EV300 纯电动汽车（2017 年款）电路图

4. 总线信号

总线信号的作用：通常起网关的作用，诊断仪通过网关与车上的其他控制单元通信。在图 2-17 中，PCAN 和 VCAN 分别指动力总线 CAN 网络与车辆电气 CAN 网络。

5. 互锁信号

互锁信号的作用：在高压产品被开盖或高压产品的低压控制连接器、高压供电连接器断开时，当识别出互锁开关断开后，车辆控制器（VCU）通过断开高压上电继电器的供电来保证人员和汽车设备安全，具体见 2.2.3 节。

2.2.2 纯电动汽车冷却控制

1. 热量的产生

1）电动汽车的电机生热

电动汽车的电机生热包括电机定子线圈的铜损生热和电机涡流损耗生热。这部分热功率既与流过电机定子线圈的电流大小有关，也与电流的频率有关。这两者越大，产生的热损就越多，最大时可达几千瓦，是全车的主要热源。

电动汽车电机的温度测量点在电机定子线圈的内部，通常采用一个或两个温度传感器测量，两个温度传感器可以实现冗余控制。

2）电动汽车的电力电子元件生热

（1）变频器生热。在直流/交流变换过程中，变频器的三相全桥逆变器在变换中会产生热功率，为几十瓦到几百瓦，是电力电子元件生热功率最大的元件。

（2）DC/DC 转换器生热。在直流/直流变换过程中，DC/DC 转换器的 H 形逆变桥电力电子开关元件及变压器元件等会产生热量，热功率为几十瓦到一二百瓦。

（3）车载充电机内部的电力电子变换元件生热。车载充电机内部的电力电子变换元件在交流/直流变换中会产生一定的热功率，为几十瓦到一二百瓦。

（4）PTC 加热器内部的电力电子变换元件生热。PTC 加热器并不是需要散热的热源，但电动 PTC 加热器在加热时的电力电子元件也会生热，其产生的热功率可达几十瓦，因此是需要散热的热源。

通常，变频器、DC/DC 转换器、车载充电机及 PTC 加热器的温度测量点设计在电力电子开关模块内部或直接测量散热器的散热板，采用多个温度传感器对不同位置进行测量，即可实现传感器冗余控制功能，此外还有局部损坏异常的监测功能。

【专家指导】电机是电动汽车的主要热源，但电机本身允许的工作温度比电力电子元件高，所以在进行温度控制时，以电力电子元件产品中测量的温度和允许的温度为冷却控制的主要依据。

内置在电动压缩机内部的三相全桥逆变器也是热源之一，但其可以通过流过电动压缩的制冷剂冷却，所以不用对其另外制定冷却措施，即无须水泵和风扇参与工作。

2. 软关断

若电动汽车冷却系统某温度监测点出现温度急剧上升，则相关控制器（ECU）会关断相应的电力电子变换的驱动。

【技师指导】在实际工作中，冷却液不足、水泵不工作、风扇不工作、电力电子元件和散热板之间传热不良等原因导致软关断的情况较多，对此只要进行散热能力处理即可解决。

3. 电动水泵控制

当点火开关打到"READY"位置后，全车的高压元件就处于电力电子变换的等待状态，此时虽然还没产生大量的热量，但通常电动水泵已工作，使冷却液在冷却水道中循环。

电动水泵的控制有开关控制和脉冲控制（PWM）两种。

4. 电动冷却风扇转速等级

为实现汽车电机、变频器、DC/DC 转换器、车载充电机和 PTC 加热器等的冷却而组成的冷却系统简称电动汽车冷却系统,该冷却系统的执行器有电动冷却水泵、电动冷却风扇。

【专家指导】电动冷却风扇的转动由冷却系统和空调系统共同控制,电动冷却风扇电机的转速等级按这两个系统所确定输出的最高等级进行控制。电动冷却风扇的转速等级有两种:低速和高速两级式;多级转速控制。

2.2.3 高压互锁控制

为实现电动汽车的高压元件在修理人员操作时的安全,也为避免非专业修理人员因强行错误操作产生电击,电动汽车在高压元件上设计有互锁开关。

1. 互锁开关的分类

1)按互锁线路经过的插头种类进行分类

据此,互锁开关可分为高压互锁开关(插头)、低压互锁开关(插头)。

【专家指导】互锁开关是为高压元件设计的,应统一称为高压互锁开关。但从修理的角度,人们习惯将其分为高压互锁开关、低压互锁开关。

(1)高压互锁开关。

高压互锁开关又称高压互锁插头,分为两种情况:一种是指高压元件的外部高压电缆插头上的 U 形线,这段 U 形线在脱开高压电缆与高压元件壳体时,高压元件壳体上高压插座的互锁线路被断开;另一种情况是指高压元件外壳体为防止非专业人员在未下高压电的情况下进行强拆而造成触电危险,在高压元件的内部增加的微动开关或 U 形线,当高压元件壳体盖子被拆下时,微动开关或 U 形线断开,高压互锁线路被断开。

(2)低压互锁开关。

低压互锁开关又称低压互锁插头,是指为实现高压元件的外部高压电缆插头上的 U 形连接或高压元件的开盖防护,从高压元件的外部壳体低压插头处接入的互锁线,低压互锁开关脱开则高压互锁线路断开。

2)从高压互锁线路是否全部经过所有高压部件进行分类

据此,互锁开关可分为一套互锁线路、多套互锁线路。

(1)一套互锁线路

一套互锁线路是指全车所有的高压元件串联到一条互锁线中,如 VCU、车载充电机、电池箱、变频器、电机、空调压缩机、PTC 加热器、DC/DC 转换器等高压元件全部串入这套互锁线路中。通常采用 VCU 作为互锁线路的监控单元。

(2)多套互锁线路

多套互锁线路是指全车所有的高压元件分成几个部分。例如,VCU、变频器、电机、空调压缩机、PTC 加热器、DC/DC 转换器成为一套互锁线路;车载充电机独立成为一个互锁线路;电池管理系统、电池箱和检修塞成为一个互锁线路。

3)从高压互锁线路是否能精确判定高压断开位置进行分类

据此,互锁开关可分为只判定高压互锁电路有断开而不判定哪个元件断开和能精确判定元件的断开位置。

(1)不能精确判定元件的断开位置。

目前,大多数高压互锁线路是该类结构。

(2)能精确判定元件的断开位置。

通过电阻编码,可实现对元件断开位置的精确监测,甚至能在诊断仪中用图形来显示元件的断开位置。

4)根据互锁检查线路的信号源的信号型式进行分类

据此,可分为直流电压型、脉冲电压型。如果互锁开关电路的信号源是一个稳定的直流电压源,则称为直流电压型;如果互锁开关电路的信号源是一个脉冲电压源,则称为脉冲电压型。

2. 典型互锁开关电路

图2-18所示为电动汽车的典型互锁开关电路。

工作原理:车辆控制单元(VCU)内的恒压或脉冲电压经上拉电阻输出电流,电流经低压插座进入变频器(功率电子单元)内部,先经变频器内部的开盖检测开关,再经低压插座输出,进入车载充电机的低压插件,经高压插座内的U形线和开盖检测开关输出并进入电动空调压缩机的低压插座,经高压插座内的U形线输出,再经低压插座输出并进入空调PTC加热控制单元的低压插座,经高压插座内的U形线输出,再经低压插座输出,输出的电流可直接接地,也可接回车辆控制单元(VCU)后接地。

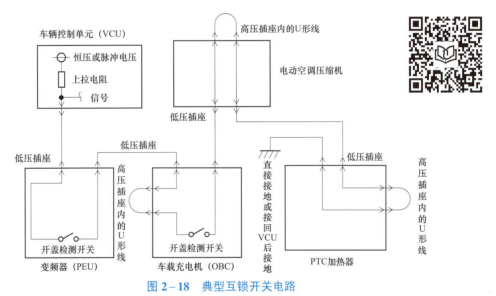

图2-18 典型互锁开关电路

【技师指导】有些电动汽车将车载充电机(OBC)的开盖检测开关作为车载充电机的一个独立互锁电路,由车载充电机控制单元进行管理。对于电池和检修塞,通常也采用一个独立的互锁系统,由电池管理系统进行管理。

3. 互锁开关的诊断

1)确定互锁开关是否上码

有些电动汽车在设计上,当出现高压元件被开盖、断开高压线束(或低压线束)时,车辆控制单元(VCU)会生成故障码并点亮车辆控制单元(VCU)故障灯(红色带有叹号的车辆形灯);但有些车型在设计上,当出现高压互锁电路断开时,并不点亮车辆控制单元(VCU)故障灯。

2）互锁开关的测量

（1）电压法。

断开高压元件的低压线束，用万用表电压挡测量每个高压元件的低压插座的输入线，如图 2-19 中的（a）、（b）、（c）、（d）各点。这样测量的原因是，断开高压元件的插头后，下游电路无电压，只需测量高压元件的输入电压。

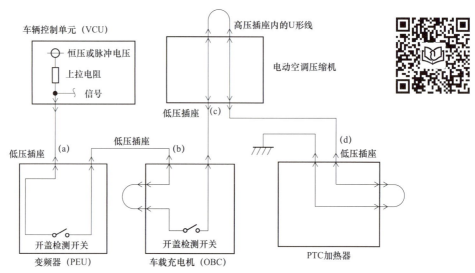

图 2-19　电压法测量互锁电路

测量分析：如果测量得知（b）点对地电压和车辆控制单元（VCU）的电源电压相等，则可以判定之前的互锁电路没有断开，此时可向后查找（c）点、（d）点。

（2）电阻法。

测量时，断开蓄电池负极，对互锁线路进行逐段测量，因此较麻烦，且有些点受空间限制而无法测量。

【专家指导】上述是理论方法，在实际操作中应结合车型是否便于测量来确定方案。

第 3 章　DC/DC转换器

在一次外出救援工作中，小林遇到一辆纯电动汽车因铅酸蓄电池无电导致无法 READY 上电行驶。你知道解决这个问题要用到哪些知识吗？

（1）能画出纯电动汽车 DC/DC 转换器的原理图。
（2）能说出吉利 EV300 纯电动汽车 DC/DC 转换器的位置。
（3）能根据 DC/DC 转换器的原理图诊断 DC/DC 转换器不输出充电电压的故障。
（4）能排除吉利 EV300 纯电动汽车 DC/DC 转换器不输出充电电压的故障。

3.1　DC/DC 转换器简介

3.1.1　DC/DC 转换器

DC/DC（Direct Current，DC）转换器是直流/直流转换器的简写，是将直流电压转换为直流电压的电子装置。在电动汽车中，DC/DC 转换器分为以下两类。

1. 降压转换器

降压 DC/DC 转换器的作用是将高压锂离子电池（或镍氢电池）的电压降压为 12 V 或 24 V 的电压等级，为 12 V 或 24 V 电系负载供电。

例如，DC/DC 转换器可保证高压锂离子（或镍氢电池）电池电压在 280～400 V 变化区间内稳定输出 14 V 或 28 V 电压，分别为 12 V 或 24 V 电系负载（也包括 12 V 或 24 V 等级的铅酸蓄电池）供电（或充电）。

另外，当高压锂离子电池（或镍氢电池）完全放完电后，虽然汽车已经不能行驶，但 DC/DC 转换器仍能从高压锂离子电池（或镍氢电池）中吸取能量，向电动汽车内稳定输出 14 V 或 28 V 电压。

有些电动汽车的降压 DC/DC 转换器有双向 DC/DC 转换功能。双向功能包括：可将高压锂离子电池（或镍氢电池）的电压降为车上铅酸蓄电池的充电电压；反之，也可将铅酸蓄电池的电压升为高压锂离子电池（或镍氢电池）的充电电压，为高压锂离子电池（或镍氢电池）充电。

2. 升压转换器

（1）对动力蓄电池电压进行升压：采用 DC/DC 转换器将蓄电池高压升为更高的直流电压来驱动电机，可提高系统的工作效率。

（2）对铅酸蓄电池进行升压：在高压蓄电池容量不足以驱动汽车时，为了让汽车能驶离路面，避免阻塞交通，可采用 DC/DC 转换器将 12 V/24 V 铅酸蓄电池电压升为高压锂离子电池（或镍氢电池）的电压来驱动电机。

燃油汽车和电动汽车的辅助子系统的主要区别：燃油汽车的辅助蓄电池由与发动机相连的交流发电机来充电，而电动汽车的辅助蓄电池由主电源通过 DC/DC 转换器来充电。在电动汽车或混合动力汽车中，用于推动电机转动的能量来自动力蓄电池。动力蓄电池由数块电池串联而成，电压较高，所以又称高压电源。

3.1.2 DC/DC 转换器分类

1. 升压型和降压型

在高压电池数目少、高压数值低的情况下，为了提高电机效率，可采用升压转换器。降压转换器主要用在高压电池和铅酸蓄电池之间。

2. 全桥型和半桥型

关于全桥型 DC/DC 转换器和半桥型 DC/DC 转换器，详见 3.3 节。

3. 非绝缘型和绝缘型

非绝缘型就是指电路两侧通过电子元件连通；绝缘型就是指电路两侧采用变压器隔离，采用磁能交换。绝缘型 DC/DC 转换器的换能部件是变压器。变压器由一次侧（输入侧、动力蓄电池侧）和二次侧（输出侧、铅酸蓄电池侧）两种线圈构成，线圈匝数比与电压比成比例。利用变压器改变电压时，变压器需通过交流电压。动力蓄电池是直流电压，DC/DC 转换器通过控制芯片来控制功率半导体的导通、截止，将动力蓄电池的直流电压转换成交流电压。然后，利用功率半导体将交流电压转换成 14 V 的直流电压。利用功率半导体转换交流电压和直流电压时，负载电容器为了抑制电压波形的噪声，平滑化输出电压。这两种 DC/DC 转换器的工作效率都很高，一般为 85%～95%，并且适于商用。非绝缘型 DC/DC 转换器结构简单、成本低；绝缘型能将主电源的高等级电压与辅助蓄电池的低等级电压隔离开，更加安全可靠。

4. 单向 DC/DC 转换器和双向 DC/DC 转换器

单向 DC/DC 转换器只能向一个方向实现电压转换，双向 DC/DC 转换器能互相实现电压转换。单向 DC/DC 转换器多用于将燃料电池的电压升为与其并联的蓄电池电压。双向 DC/DC 转换器多用于将动力蓄电池的电压升压为电机工作电压，或反之；也可以将动力电池的电压降为 12 V 铅酸蓄电池的电压，或反之。

3.2 电动汽车用电负荷

电动汽车出现后，汽车由原来的发动机、底盘和电气三大系统，增加到发动机、底盘、电气和电力驱动四大系统。其中，电力驱动系统包括驱动电机变频控制、电动压缩机变频控制、空调 PTC 加热控制、DC/DC 转换控制等。

在电动汽车中，发动机和底盘控制部分采用 12 V/24 V 电系供电，但用电负荷较小。汽车电气系统的基本电气系统和附加电气系统的用电负荷较大。

3.2.1 保留铅酸蓄电池的必要性

电动汽车以动力蓄电池为电源，能够利用 DC/DC 转换器为铅酸蓄电池充电。汽车装备 DC/DC 转换器之后，可省去原车交流发电机，虽然能因此省去 12 V/24 V 铅酸蓄电池，但实际上还是保留了铅酸蓄电池。这样做有以下两大原因。

1. 能够降低整个车辆的成本

铅酸蓄电池能在短时间内向空调、雨刷及车灯等释放大电流。如果省去铅酸蓄电池，则通过 DC/DC 转换器将动力蓄电池的电力用于空调及雨刷会导致 DC/DC 转换器的尺寸增大，从而使整体成本增加。另外，铅酸蓄电池便宜，因此目前将铅酸蓄电池置换成动力蓄电池还没有成本上的优势。

2. 确保电源的冗余度

铅酸蓄电池有确保向低压供电的冗余度的作用。DC/DC 转换器出现故障停止供电时，如果没有铅酸蓄电池，低压电就会立即停止运行。夜间车灯不亮、雨天雨刷停止运行等状况都会影响驾驶。如果备有铅酸蓄电池，便能将汽车就近开到家或修理厂。

3.2.2 12 V/24 V 电气系统负荷

在电动汽车上，为了区别 12 V 电系，通常将高于 60 V 的直流电压称为高压（这与工业用电和特种产品对高压、低压的电压界限是完全不同的）。汽油车辆通常采用 12 V 供电，电动汽车的电气部件电压与燃油汽车相同，因此电动汽车要将动力电池几百伏的电压通过 DC/DC 转换器降压为传统燃油汽车发电机的发电电压 14 V，为标称为 12 V 的铅酸蓄电池充电；对于 24 V 电气系统的柴油车，则要降压为 28 V，为标称为 24 V 的铅酸蓄电池充电。

DC/DC 转换器的优化容量。优化容量表示电池的充电和放电过程能够相互平衡，而且辅助蓄电池一直保持满充状态。例如：如果选择更大的容量，则充电过程就比放电过程占优势，就会导致 DC/DC 转换器尺寸过大或者出现辅助蓄电池过充的问题；如果选择小一点的容量，则电池的放电过程就比充电过程占优势，这将会导致辅助蓄电池在紧急情况下使用时失去满充状态。汽车电气用电负荷系统的能耗大约为 1 kW，所以选 DC/DC 至少 1 kW。

如表 3-1 所示为汽车 12 V 系统用电负荷的功率，因此一个电动汽车 DC/DC 转换器的输出功率在 1.5~2.5 kW 范围内，才能保证车辆的运行。

表 3-1　汽车 12 V 系统用电负荷

12 V 用电负荷	工作状态	功耗（约）/W
混合动力汽车采用发动机水取暖，辅以 12 V 暖风 PTC 加热器功耗	连续	250
变频器内部逆变桥自身功耗	连续	150
电池能量管理系统鼓风机电机	连续	150
车头灯和尾灯总成	连续	120
喇叭	断续	10
雨刮器电机	连续	40
电动真空泵电机	断续	120
空调鼓风机电机	连续	240
仪表指示灯及步进电机仪表	连续	30
停车灯、转向灯及车内灯	断续	50
电动转向助力系统助力电机	连续	400
收音机主机及扬声器	连续	20
四个车门的电动窗升降	断续	80
高压配电箱高压继电器线圈	连续	20
ABS 回流泵电机	断续	180
冷却电机风扇电机	连续	300
合计	—	2 160

3.2.3　高压用电负荷

除了驱动汽车的电机以外，对于大功率的设备通常采用高压供电，如表 3-2 所示，从表中可以看出，空调器是电动汽车功耗最大的元件，它的功耗大约占总功耗的 60%～75%。给 12 V 蓄电池充电的 DC/DC 转换器的高压供电功率在 1.5～2.0 kW。

表 3-2　汽车高压用电负荷

高压用电负荷元件	工作状态	功耗/kW
电动汽车空调采用电动空调时的压缩机电机	连续	3.0～5.0
电动客车采用气压制动时的电动空气压缩机电机	连续	1.5～2.0
纯电动汽车暖风加热 PTC（正温度系数热敏电阻器）	连续	1.5～2.0
给 12 V 蓄电池充电的 DC/DC 转换器的高压供电功率	连续	1.5～2.0

一般电动汽车只有一个 DC/DC 转换器，把高压直流电降压为 14 V 或 28 V 直流电。高档电动车可以有两个 12 V DC/DC 转换器。

3.3 DC/DC 转换器的工作原理

能实现降压 DC/DC 转换器的主电路结构有很多，其中 BUCK 型（降压型）DC/DC 转换器以其结构简单、变换效率高的特点成为首选的 DC/DC 变换电路拓扑结构之一。

DC/DC 转换器一般由控制芯片、电感线圈、二极管、三极管和电容器构成。基本 BUCK 型 DC/DC 电路的原理如图 3-1 所示。其中，U_{in} 是输入电压；U_o 是 BUCK 型电路的输出电压；C_{in} 是输入电容；S 是主功率开关；D 是主功率二极管；L 是储能电感。

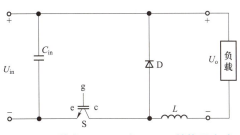

图 3-1 基本 BUCK 型 DC/DC 转换器电路

基本 BUCK 型电路电感 L 的储能工作过程（图 3-2）：当开关管 S 导通时，电流经负载、电感 L 流过电子开关 S，电流增加，电能以磁场形式存储在电感线圈 L 中，同时向负载供电。在这一过程中，电容 C_{in}、负载、电感 L、开关 S 构成回路。

基本 BUCK 型电路电感 L 的能量释放过程（图 3-3）：当开关管 S 由导通转为截止时，存储在电感 L 中的能量释放出来，通过二极管 D 续流来维持向负载供电，此时电感 L、续流二极管 D 和负载构成回路，若周期性地控制开关管 S 的导通与关闭，则可实现能量由 U_{in} 向 U_o 的降压传递电路的输出电压 $U_o=\delta U_{in}$，其中 δ 为开关管 S 的导通占空比。为达到上述降压传递的目的，开关管 S 与二极管 D 必须轮流导通与关断，二者之间频繁地进行换流。

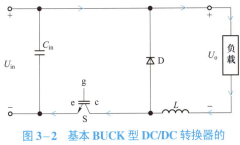

图 3-2 基本 BUCK 型 DC/DC 转换器的电感储能过程

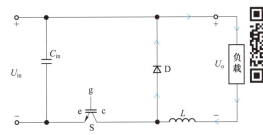

图 3-3 基本 BUCK 型 DC/DC 转换器的二极管 D 续流过程

FCEV（燃料电池电动汽车）上的燃料电池只由燃料产生电能，不能储存电能，因此采用单向 DC/DC 转换器。FCEV 采用的电源有各自的特性，燃料电池只提供直流电，电压和电流随输出电流的变化而变化。燃料电池不能接受外电源的充电，电流的方向仅为单向流动。FCEV 采用的辅助电源（蓄电池和超级电容器）在充电和放电时也以直流电的形式流动，但电流的方式是可逆性流动。

FCEV 上的各种电源的电压和电流受工况变化的影响呈不稳定状态。为了满足驱动电机对电压和电流的要求及对多电源电力系统的控制，在电源与驱动电机之间，用计算机控制来实现对 FCEV 的多电源的综合控制，以保证 FCEV 的正常运行。FCEV 上的燃料电池需要装置单向 DC/DC 转换器，蓄电池和超级电容器需要装置双向 DC/DC 转换器。

3.3.1 全桥 DC/DC 转换器

燃料电池发动机的输出电压一般为240～450 V,燃料电池的输出电压随着燃料电池输出电流的增大而减小。另外,由于燃料电池不能充电,因此配置单向全桥 DC/DC 转换器,将燃料电池的波动电流转换为稳定、可控的直流电源。

绝缘型全桥 DC/DC 转换器的电路原理如图 3-4 所示。其中,输入端采用 4 个带有续流二极管的开关管 T_1、T_2、T_3、T_4 共同组成大功率的直流变交流的单相 H 形桥逆变器,中部为高频变压器 T_r,输出端用 4 个整流二极管共同组成整流器。在变压器 T_r 初线圈电路中串联一个电容 C_2,可以防止变压器的磁偏心。整流输出电路中加入由电感 L_f 和电容 C_f 组成的滤波器,将直流方波电压中的高频分量滤除,得到一个平直的直流电压。

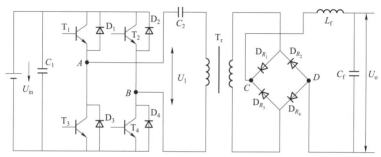

图 3-4 绝缘型全桥 DC/DC 转换器的电路原理

正半波逆变和整流:当开关管 T_1 导通时(图 3-5),在延迟一定的电位角 α 后导通开关管 T_4,而开关管 T_2 和 T_3 被截止。开关管 T_1 和 T_4 轮流导通 180° 电位角。此时,电流经电容 C_2 流入,从变压器 T_r 的初级线圈上端向下流入,在 T_r 的次级线圈电流向上经 D_{R_1}、L_f,输出电压 U_o,经 D_{R_4} 回流到 T_r 的次级线圈。

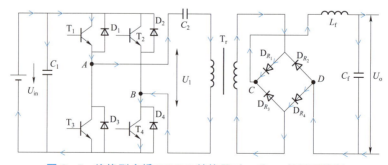

图 3-5 绝缘型全桥 DC/DC 转换器对 T_1 和 T_4 的导通控制

负半波逆变和整流:当开关管 T_2 导通时(图 3-6),在延迟一定的电位角 α 后导通开关管 T_3,而开关管 T_1 和 T_4 被截止。开关管 T_2 和 T_3 轮流导通 180° 电位角。此时,电流经 T_r 的初级线圈下端向下流入,经电容 C_2 流出,在 T_r 的次级线圈电流向上经 D_{R_3}、L_f,输出电压 U_o,经 D_{R_2} 回流到 T_r 的次级线圈。

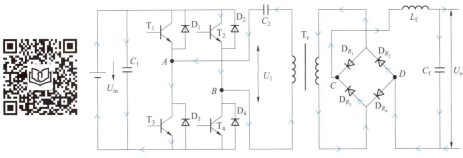

图 3-6　绝缘型全桥 DC/DC 变换器对 T_2 和 T_3 的导通控制

只要改变开关管的导通时间，就可以调节输出电压 U_o 的值。选择智能控制的大功率全桥 DC/DC 转换器，可以有良好的自我保护能力和使用寿命。

DC/DC 转换器的外特性如图 3-7 所示，单向 DC/DC 转换器的控制框图如图 3-8 所示。根据 FCEV 的动力性能设计要求，确定 DC/DC 转换器输出电压的给定值。当燃料电池的电流逐渐增大时，电压基本保持平稳，通过对输出电压的闭环控制，实现 DC/DC 转换器的恒压输出（图 3-7 中的 AB 段）。当燃料电池电流继续增大、电压快速下降时，通过控制输出功率来实现 DC/DC 转换器的恒功率输出（图 3-7 中的 BC 段）。由于燃料电池的电压达到下限值要受到温度、压力和环境等的影响，因此图 3-7 中 BC 段的功率不能事先给定，而是通过此时燃料电池的输出电压和电流来测定，并实时对 DC/DC 转换器的输出功率进行调节，这是保证燃料电池不会发生过放电的关键措施。当 DC/DC 转换器达到最大输出电流时，电压迅速下降（图 3-7 中的 CD 段）为恒电流段，其电流值决定 DC/DC 转换器的最大输出电流。

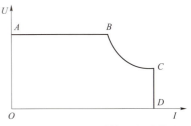

图 3-7　DC/DC 转换器的外特性

图 3-8　单向 DC/DC 转换器的控制框图

DC/DC 转换器中的控制芯片用于控制功率半导体的导通与截止。调制方式有 PFM（脉冲频率调制方式）和 PWM（脉冲宽度调制方式）两种。

采用 PFM 方式时，开关脉冲宽度一定，通过改变脉冲输出的时间来使输出电压达到稳定。采用 PWM 方式时，开关脉冲频率一定，通过改变脉冲输出的宽度来使输出电压达到稳定。通常情况下，采用 PFM 和 PWM 这两种调制方式时的 DC/DC 转换器的性能区别如表 3-3 所示。

表 3-3　采用 PFM、PWM 时的 DC/DC 转换器的性能区别

对比项目	PFM	PWM
电路规模（IC 内部）	简单	复杂
消耗电流	较少	较多
纹波电压	较大	较小
瞬态响应	较差（反应较慢）	较好（反应较快）

当采用 PWM 方式时，在选用较低频率的情况下，小负载时，效率较高，输出电压的纹波较大；在选用较高频率的情况下，小负载时，效率很低，输出电压的纹波较小。因此，在小负载或待机时间较长的情况下，若选用较低频率，则转换电路的效率较高；但若考虑到输出电压的纹波问题而选用较高频率，则纹波电压会较小。DC/DC 转换器通过开关动作来进行升压或降压，特别是晶体管（或场效应管）处于快速开关时，会产生尖峰噪声以及电磁干扰。

3.3.2 双向 DC/DC 转换器

在以蓄电池和超级电容器组成的混合电源上，一般蓄电池以稳态充电、放电的形式工作，而超级电容器在电动车辆起动时，能够以大电流的放电形式工作，且在接受外电源（或制动反馈的电能）时能以大电流的充电形式工作。蓄电池和超级电容器的电流为双向流动，因此在蓄电池和超级电容器与电力总线之间装置双向（升降压（Buck–Boost）型）DC/DC 转换器，以双向控制和调配输入和输出的电流。双向 DC/DC 转换器电路如图 3–9 所示，其中电池（U_{bus}）与输出的变频器相连。

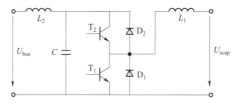

图 3–9　非绝缘型双向 DC/DC 转换器电路

变频器（或车载充电机）向电池和电容充电的过程：双向 DC/DC 转换器处于充电工况时，开关管 T_1 彻底切断，开关管 T_2 处于导通和断开的控制中，来自变频器的制动反馈电流（或来自车载充电机的充电电流）经动力总线先向蓄电池充电，再向超级电容器充电；在通过电感 L_1 时，部分电流暂时存留在电感 L_1 中，当开关管 T_2 断开后，电感 L_1 中存留的电流通过整流二极管 D_2 转存在电容器 C 中。双向 DC/DC 转换器在对超级电容器充电时，处于降压（Buck）状态，电流流向如图 3–10 所示。在超级电容器电路上装置电感 L_1，可以减小进入超级电容器线路的电流脉冲。

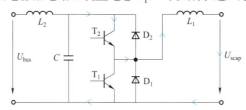

图 3–10　电池（U_{bus}）向电容（U_{scap}）的充电电流流向

电池和电容器给变频器供电过程：双向 DC/DC 转换器处于放电工况时，开关管 T_2 彻底切断，开关管 T_1 处于导通和断开的控制中。蓄电池电压高，先行向左放电。超级电容器放电要经过电感 L_1 先储能（图 3–11）后释放能量（图 3–12）两个过程。储能过程：开关管 T_1 导通，电感 L_1 有电流流过实现电感储能。释放能量过程：开关管 T_1 断开的瞬间，电感 L_1 的自感电动势提高电压后经二极管 D_2、电感 L_2 向变频器供电。电流方向是由超级电容器向动力总线方向流动，DC/DC 转换器对外放电处于升压状态。在总线电路上装置电感 L_2，可以减小进入总线的电流脉冲。

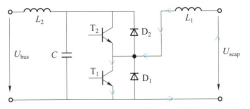

图 3-11　电容放电前，向电感 L_1 储能的电流流向

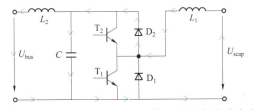

图 3-12　开关管 T_1 断开，电感 L_1 升压向电池充电

3.4　典型 DC/DC 转换器举例

3.4.1　DC/DC 转换器控制功能

如图 3-13 所示，DC/DC 转换器将电动汽车蓄电池的额定直流电压降至额定直流电压约 12 V（实际是 14 V），从而为电气零部件供电，并为 12 V 蓄电池再充电。有些电动汽车为了调节 DC/DC 转换器的输出电压，动力管理控制 EV-ECU 根据 12 V 蓄电池温度传感器信号将输出电压请求信号传输至 DC/DC 转换器。DC/DC 转换器通过 CAN 或串行通信来实现自诊断信息外传和控制信息下载。

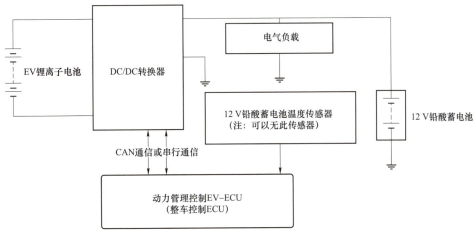

图 3-13　典型 DC/DC 转换器控制

3.4.2 降压型 12 V 转换器

典型的降压转换器如图 3-14 所示,车辆的辅助设备,如车灯、音响系统、空调系统(除空调压缩机)和 ECU,由 DC 12 V 的供电系统供电。由于纯电动汽车的动力电池电压标称等级一般为 300~650 V(比较常见的有 330 V、400 V 和 650 V),因此需要降压转换器将该电压降低到 DC 14 V 来为 12 V 蓄电池充电。这个转换器安装于变频器的下部。

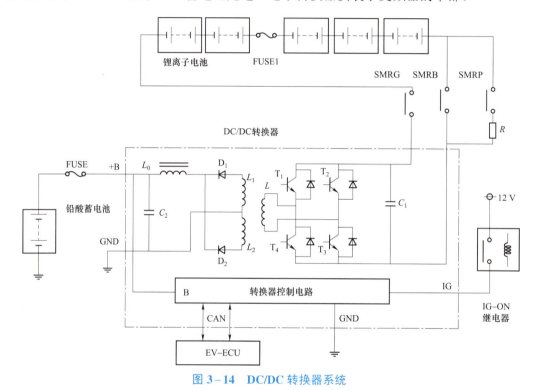

图 3-14 DC/DC 转换器系统

其工作原理如下。

(1) DC/DC 上电过程:在点火开关(或一键式供电开关)打到 READY 位置时,系统主继电器 SMRG 和 SMRP(预充继电器)先工作,完成电容 C_1 的预充过程。当电容 C_1 的电压接近锂离子电池的电压时,继电器 SMRB 工作,同时继电器 SMRP 退出工作。

(2) 直流交流转换:DC/DC 转换器的控制电路控制晶体管 T_1、T_3 工作,此时通过电感 L 的电流由上到下,如图 3-15 所示。然后控制 T_2、T_4 工作,此时通过电感 L 的电流由下到上,如图 3-16 所示。由此,将直流转换成交流。

(3) 降压过程:由于通过电感 L 的为交流电,因此在两个次级电感线圈 L_1 和 L_2 里感应出交流电,由于线圈匝数较少,所以电压输出较低。

(4) 整流过程:D_1 和 D_2 实现两个线圈的半波整流。

(5) 滤波过程:电感 L_0 和电容 C_2 用于滤波,实现电流平滑地向铅酸蓄电池充电,从 GND 构成回路。

(6) 控制过程:DC/DC 转换控制电路根据输出的电压反馈进行电压输出控制,以满足

晶体管 T_1、T_3 和 T_2、T_4 的换流控制。

（7）通信过程：DC/DC 转换控制电路通过 CAN 与 EV-ECU 通信来实现 DC/DC 自诊断的输出，同时针对用电负荷增加，可先于电压反馈进行控制。

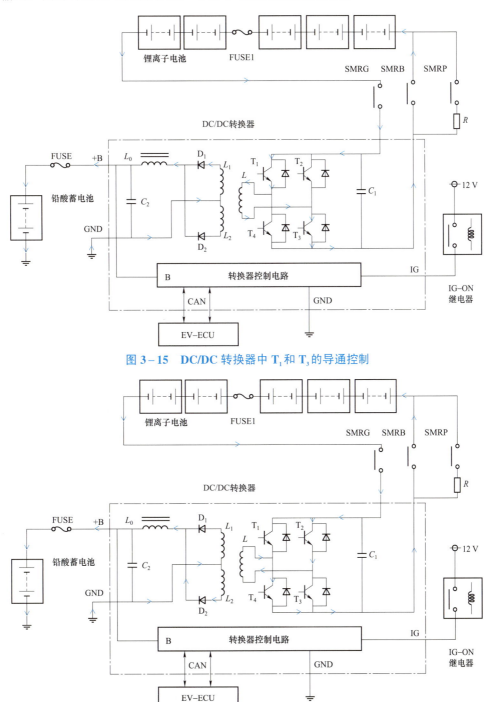

图 3-15　DC/DC 转换器中 T_1 和 T_3 的导通控制

图 3-16　DC/DC 转换器中 T_2 和 T_4 的导通控制

3.5 典型 DC/DC 转换器的诊断与维修

3.5.1 吉利 2017 款 EV300 电动汽车 DC/DC 转换器

图 3-17 所示为吉利 2017 款 EV300 电动汽车 DC/DC 转换器,印刷电路板是 DC/DC 转换器的控制器,即 DC/DC 转换器的 ECU。在印刷电路板中,左侧的两根线为直流供电;上部的两根线是变压器初级线圈,在电路板下的开关管通过这两根线来控制初级线圈的通断,从变压器的下部输出直流;直流电流大小和电压大小经电路板上测量后,从右下侧的两个端子输出。在印刷电路板右上侧的两根黑色塑料管是冷却液管,注意不要弄坏这两根管子的密封圈。

图 3-17 吉利 2017 款 EV300 电动汽车 DC/DC 转换器

【黑盒法诊断】黑盒法诊断是指不考虑元件的内部工作原理,只知道其功能、输入和输出的关系,一旦确定输入正常、输出不正常,就判定该元件是坏的。因此,对修理人员的要求就转换为能正确地测量输入和输出状态。

【采用拼修法】由于汽车的电子元件通常是专用的,若直接修理电路板则对修理人员的要求太高,检查费用高,且所需的元件难以买到,导致耗时久;若换新则价格往往太高。实践中,车主往往接受拼修。什么是拼修呢?拼修是指,对于两个变频器内的 DC/DC 转换器,将其中正常的元件替换到不正常的那个上。例如,吉利 2017 款 EV300 电动汽车 DC/DC 转换器(图 3-18)在变频器下壳体里,可直接将正常的 DC/DC 转换器下壳体换到正常的变频器下部。

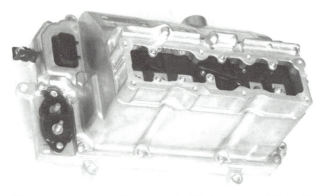

图 3-18 吉利 2017 款 EV300 电动汽车 DC/DC 转换器实物

如图 3-19 所示，在拼修时应注意 DC/DC 转换器从上部变频器获取直流电时的正极、负极线，不要接反。

图 3-19　容易接反的 DC/DC 转换器供电

若忘记给 DC/DC 直流供电线拍照但怀疑接反了，就一定不要继续操作，避免装车上电后造成损坏。在既未装车又不能确定是否装反时，可模拟指针万用表，根据母线电容来判断两根线的正负极是否接反。

3.5.2　北汽 2017 款 EV160 电动汽车 DC/DC 转换器

如图 3-20 所示，北汽 2017 款 EV160 电动汽车的 DC/DC 转换器集成在名为"电子分配单元"的箱子里，箱内集成了车载充电机（OBC）、DC/DC 转换器和空调加热器（PTC）。

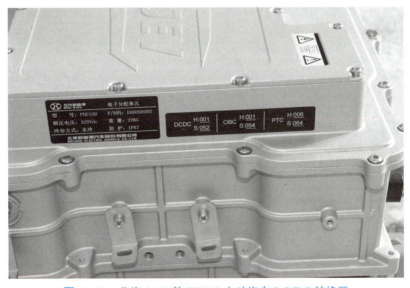

图 3-20　北汽 2017 款 EV160 电动汽车 DC/DC 转换器

相较于 3.5.1 节介绍的电动汽车，北汽 2017 款 EV160 电动汽车的电子分配单元的内部电子电路布置较乱，材料也不甚讲究，电路板上分布着防振动和防松的树脂，给分解带来了困难。

北汽 2017 款 EV160 电动汽车的电子分配单元（图 3-21）将 DC/DC 转换器、车载充电机和 PTC 加热控制器集中在一起，行业上也称为多合一（如三合一、四合一，甚至五合一）。多合一的目的只有一个，就是能共用散热器。这种共用散热器的正面效果是容易控制散热、高压电缆的用量变少、水循环路径短、对水泵要求低。多合一的缺点是在未采用集成模块化的结构下，内部结构混乱，容易损坏；一旦损坏，一般的维修店很难维修，返厂维修则耗时太久，且运输成本和维修成本都较高。

图 3-21　北汽 2017 款电动汽车的电子分配单元

图 3-22 所示为北汽 2017 款 EV160 电动汽车 DC/DC 转换器的外部输出接线柱，左侧接地、右侧橙色位置为 12 V 输出。

图 3-22　北汽 2017 款 EV160 电动汽车 DC/DC 转换器的外部输出接线柱

3.5.3 一汽奔腾 B50 EV 电动汽车单向 DC/DC 转换器

图 3-23 所示为一汽奔腾 B50 EV 电动汽车单向 DC/DC 转换器,其支持将动力蓄电池电压降为 14 V 蓄电压。它位于变频器和电机之间,借用变频器内部下底侧的散热器进行散热。

图 3-23 一汽奔腾 B50 EV 电动汽车单向 DC/DC 转换器

图 3-24 所示为一汽奔腾 B50 EV 电动汽车单向 DC/DC 转换器的内部元件。在该 DC/DC 转换器内部右下侧装有空调 PTC 加热的继电器,DC/DC 转换器外接 CAN 通信,除了用于 DC/DC 转换器的通信外,还有控制空调 PTC 加热的继电器的功能。

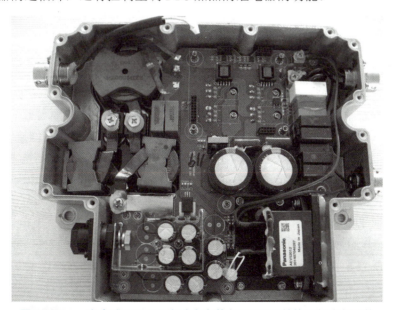

图 3-24 一汽奔腾 B50 EV 电动汽车单向 DC/DC 转换器的内部元件

3.6 DC/DC 充电保险断开故障诊断

1. 故障现象

车主报修：全车电弱，用电器打不开，车辆无法行驶。

经检查，铅酸蓄电池电压低，换上新蓄电池后，不到一天的时间就再次出现故障。检查蓄电池，电压只有 4.3 V，电压极低。

2. 故障原因

出现上述情况时，一般燃油汽车有三种故障可能：一是发电机未发电；二是有漏电的用电器；三是蓄电池损坏，存不住电。纯电动汽车没有燃油汽车的 12 V 直流发电机，12 V 铅酸蓄电池的充电是通过 DC/DC 转换器来完成的。按相同的分析方法，可知故障有三种可能：一是 DC/DC 转换器或相应电路损坏；二是有漏电的用电器；三是蓄电池损坏，存不住电。

3. 故障诊断

无论上述哪种情况，检查的前提都是需要一块满电的蓄电池来更换车上的 4.3 V 蓄电池。首先，起动车辆。若此时没有满电的蓄电池，也可采用外接充电机。接好充电机后，起动点火开关到 READY 挡成功，拆掉充电机与蓄电池的电缆，听见"咔嗒"一声。用万用表测量蓄电池的端电压仍为 4.3 V，可知刚才的"咔嗒"一声意味着高压主供电继电器断开了。因此，先用充电机起动车辆，再用车上的 DC/DC 转换器给蓄电池充电的思路没有成功。

接下来，断开蓄电池电缆，用充电机给蓄电池充电。因为是新换的蓄电池，是能充电恢复的。充电 4 h 左右，测量蓄电池电压在 12.3 V，虽然电压仍不足，但足以起动 READY 挡。拆下蓄电池上的充电机，重新起动 READY 挡成功，再次测量蓄电池电压仍为 12.3 V，没有 14 V 的充电电压，难道 DC/DC 转换器没有给蓄电池充电造成馈电？因此，接下来测量 DC/DC 转换器的供电保险。若正常，则重新确认 DC/DC 转换器是否发电；若不发电，则考虑更换一个新 DC/DC 转换器。从保险丝盒的供电保险测量 DC/DC 转换器是否发电（第一次是从蓄电池极桩测），即从图 3-25 所示的保险丝盒断开保险的右侧对地测量。经检测，发现有 14 V 左右的电压（断开保险的左侧红线接蓄电池正极，右侧接 DC/DC 转换器输出），这证明 DC/DC 转换器能正常输出充电电压。由此可知，目前不充电就说明一定有断开的部位，而在充电电缆和蓄电池两者之间只有一个保险，因此一定是这个保险断开。在实际诊断中，透过保险的观察口，发现保险确实断开了。

既然已找到故障位置，就更换损坏的保险。如图 3-26 所示，先拆下白壳保险丝两端的电缆。白色壳体保险通过螺栓固定在保险丝盒中（图 3-27），拆下两个螺栓。在废旧的线束上找到相同位置的这个保险，如图 3-28 所示，不过保险丝颜色为蓝色（并非白色），两者形状和容量相同，从废旧线束上拆下这个保险。更换完成后，故障排除。

4. 诊断思路回顾

为什么其他小容量保险丝没有断，偏偏这个大容量的保险丝断开呢？

这种情况是在 DC/DC 转换器给蓄电池充电过程中正极桩电缆（或正极桩）被人为接地造成短路而引起的。

图 3-25 事后补测白色保险丝右侧螺栓对地无电压

图 3-26 拆下白壳保险丝两端的电缆

图 3-27 拆下的 DC/DC 保险丝

图 3-28 更换后的蓝色保险丝

3.7 DC/DC 转换器损坏故障诊断

1. 故障现象

一汽奔腾 B50 EV 纯电动汽车报修蓄电池无电。更换新蓄电池不久后，仍旧无电。

2. 故障原因

检查发现，确实是蓄电池电压低，分析导致蓄电池无电的原因可能有以下几种情况：

（1）高压电没加到 DC/DC 转换器上。

（2）DC/DC 转换器未进行 14 V 充电电压转换。

（3）蓄电池向外部漏电严重。

3. 故障诊断与排除

（1）更换一块有电的蓄电池，打开点火开关，上电 READY 挡正常，说明 DC/DC 转换器高压供电基本正常。

（2）测量蓄电池电压为 11.98 V（图 3-29），而不是 DC/DC 转换器转换电压 14 V。因此，初步判定 DC/DC 转换器损坏。

（3）检查 DC/DC 转换器低压控制线供电和搭铁正常，因此判定 DC/DC 转换器损坏，解决办法是更换 DC/DC 转换器。

更换过程：由于当时没有举升机，就无法从车底将检修塞拆下，所以只能断开蓄电池负极。断开蓄电池负极后，主供电继电器也就断开了。

【技师指导】理论上不必拆下检修塞，厂家要求拆下检修塞是防止主供电继电器粘接，无法断开，既而造成触电危险。

在操作过程中，出于安全考虑，在断开蓄电池后，对变频器的直流进线进行验电（图3-30），电压为0V，说明变频器的上电继电器断开，同时变频器内部的电容放电完毕，验电过程结束。

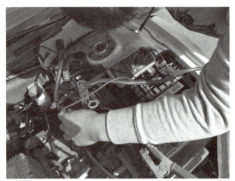 

图3-29　打开点火开关测量蓄电池电压为11.98 V　　图3-30　对变频器供电进行验电

然后，断开变频器控制线束、拆下变频器，断开直流供电。拆下变频器上盖（图3-31），断开电机的三相连接、电机解角传感器和温度传感器连接。断开冷却水管、断开DC/DC转换器前后的线束连接，拆下变频器（图3-32）。

图3-31　拆下变频器上盖　　图3-32　拆下变频器后

接下来，更换新的DC/DC转换器。更换前，注意在变频器散热器上涂匀导热硅脂（图3-33），在变频器上安装新的DC/DC转换器（图3-34）。

接上水管、线束，待安装全部的拆装部件后，接上蓄电池电缆，将点火开关打到READY挡，测量DC/DC转换器的输出电压为13.87 V，这说明DC/DC转换器已正常给蓄电池充电，故障排除。

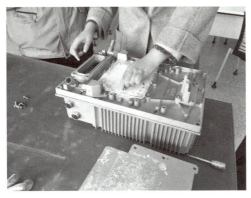 

图 3-33　在散热器上涂匀导热硅脂　　图 3-34　安装新的 DC/DC 转换器

第 4 章

电动汽车空调

小林遇到一辆打开空调后无法制冷的纯电动汽车,打开该车的前舱盖,没有找到皮带带动的电动压缩机。你知道解决这个问题要用到哪些知识吗?

(1) 能说出电动汽车制冷和制热方式的优缺点。
(2) 能说出电动客车热泵式空调的工作原理。
(3) 能说出 PTC 加热的控制过程。
(4) 能排除电动汽车空调不制冷故障。
(5) 能排除电动汽车空调不制热故障。

4.1 空调制冷/制热方式

空调的功能就是对车内空气进行制冷、制热、除湿、通风、空气清洁及使清新度保持在使人感觉舒适的状态。在不同的气候环境条件下,电动汽车车厢内应保持如传统燃油汽车的舒适状态,以提供舒适的驾驶和乘坐环境。

与普通空调装置相比,电动汽车空调装置以及车内环境主要有以下特点:

(1) 汽车空调系统安装在运动的车辆上,要能承受剧烈而频繁的振动与冲击,因此要求电动汽车空调装置结构中的各个零部件都具有足够的抗振动冲击和良好的系统气密性。

(2) 电动汽车大部分属于短距离代步,乘坐时间较短,加上电动汽车内乘员所占空间比较大,产生的热量相对较多,相对热负荷大,因此要求空调具有快速制冷、制热和低速运行能力。

(3) 电动汽车空调使用的是车上蓄电池提供的直流电源,压缩机的工作效率高、控制可靠性高,维护方便。

(4) 由于汽车车身隔热层薄,而且门窗多、玻璃面积大,因此隔热性能差。电动汽车也不例外,致使车内漏热严重。

(5)车内设施(如座椅)高低不平,会使气流分配困难,难以做到气流分布均匀。

电动汽车和传统燃油汽车的驱动动力不同,使它们的空调系统也有很大区别:由于电动汽车没有用于采暖的发动机余热,不能提供作为汽车空调采暖用的热源,因此电动车的空调系统必须自身具有供暖功能,即要求采用热泵型空调系统;同时,压缩机只能采用电机直接驱动,其在结构上与现有的压缩机型式不完全相同。由于用来给热泵空调系统提供动力的电池主要是用来驱动汽车的,因此空调系统能量的消耗对汽车每充一次电的行程的影响很大。如果电动汽车仍采用现有能效比较低的空调系统,将要求耗费10%以上的电功率,这就意味着要在增加电池的制造成本和降低电动汽车的驱动性能指标之间做出选择。与燃油汽车相比,电动汽车空调系统面临的节能高效要求更高;同时,电动汽车空调必须解决制冷、制热两大问题。根据电动汽车特有的性质,目前电动汽车空调有半导体式(热电偶)、电动热泵式、燃油加热式、PTC加热式等类型,其中电动热泵式空调最有发展前途。

4.1.1 半导体制冷/制热

半导体制冷又称电子制冷或温差电制冷,是从20世纪50年代发展起来的一门介于制冷技术和半导体技术边缘的学科,与压缩式制冷、吸收式制冷并称世界三大制冷方式。半导体制冷器的基本器件是热电偶对,即把一只N型半导体和一只P型半导体连接成热电偶(图4-1),通上直流电后,在接口处就会产生温差和热量的转移。半导体制冷的原理:在电路上串联起若干半导体热电偶对,而在传热方面是并联的,这样就构成了一个常见的制冷热电堆;借助于热交换器等传热手段,使热电堆的热端不断散热并且保持一定的温度,然后把热电堆的冷端放到工作环境中吸热降温。

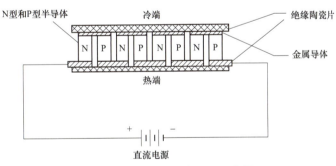

图4-1 半导体制冷原理示意图

半导体制冷作为特种冷源,在技术应用上具有以下特点:无须任何制冷剂,可连续工作,没有污染源;没有旋转部件,不会产生回转效应;没有滑动部件,是一种固体片件,安装容易,寿命长;工作时没有振动、噪声。半导体制冷片既能制冷又能加热,虽制冷效率一般不高,但制热效率很高(永远大于1),因此使用一个片件就能代替分立的加热系统和制冷系统。半导体制冷片是电流换能型片件,通过输入电流的控制可实现高精度的温度控制,再加上温度检测和控制手段,就很容易实现遥控、程控、计算机控制,便于组成自动控制系统。半导体制冷片的热惯性非常小,制冷/制热时间很快,在热端散热良好、冷端空载的情况下，通电不到 1 min，制冷片就能达到最大温差。半导体制冷片的反向使用就是温差发电，一般适用于中低温区发电。半导体制冷片的单个制冷元件对的功率很小，但组合成电堆，再将同类型的电堆采用串联、并联的方式组合成制冷系统，功率就可以很大，因此制冷功率可以做到几毫瓦到上万瓦的范围。半导体制冷片的温差范围在 $-130 \sim 90\ ℃$ 都可以实现。

从空调技术成熟性和能源利用效率比较来看，对于半导体制冷片技术的电动汽车空调系统，目前存在的不足有：热电材料的优值系数较低、制冷性能不够理想；热电堆产量受构成热电元件元素产量的限制；未达到电动汽车空调节能高效的要求。这使得电动汽车空调更倾向于选用节能高效的热泵型空调。该技术方案对于不同类型电动汽车的通用性较好，并且对整车结构的改变较小，是将来电动汽车空调的发展趋势。

注意：目前这种方法主要应用在家庭饮水机内，还没有汽车采用此方法做制热和制热系统。

4.1.2 热泵型空调系统制冷/制热

理论上，制冷循环逆转可以用于制热。但在环境气温低的情况下，制热性能会下降，无法满足在低温区具备高制热性能汽车的要求，因此利用电动压缩机压缩冷媒并使其循环。然而，行驶时，冷媒在冷凝器中受风冷却；在冬天，当冷凝器（制热时改为蒸发器）结霜时，制热性能难以发挥。对此，需要考虑增加为冷凝器（制热时为蒸发器）加温除霜的系统。

在某些情况下，制热需要具备比制冷更高的性能。例如，在冬天制热行驶时，为防止车窗起雾，一般会导入车外空气，即汽车在行驶的同时要向车外排放加热了的空气，因此制热需要具备比制冷更高的性能。

热泵型空调系统是在燃油汽车上进行改进的，压缩机由永磁直流无刷电机直接驱动，系统的工作原理如图 4-2 所示。该系统与普通的热泵空调系统并无本质区别，但由于在电动车上使用，因此压缩机等主要部件有其特殊性，全封闭电动涡旋压缩机由一个直流无刷电机驱动，通过制冷剂回气冷却，具有噪声低、振动小、结构紧凑、质量轻等优点。在测试条件为环境温度 40 ℃、车内温度 27 ℃、相对湿度 50% 的工况下，系统稳定时，它能以 1 kW 的能耗获得 2.9 kW 的制冷量；当环境温度为 $-10\ ℃$、车内温度为 25 ℃ 时，它能以 1 kW 的能耗获得 2.3 kW 的制热量；在 $-10 \sim 40\ ℃$ 的环境温度下，它均能以较高的效率为电动汽车提供舒适的驾乘环境。若能在零部件技术上得到改进，其相应效率还可以得到提高。

目前，热泵型电动汽车空调最大的软肋是低温制热问题（尤其在低温地区），这也是该行业研究的难题之一。为了使热泵型电动汽车空调更节能高效，一般从以下几个角度着重解决：开发更高效的直流涡旋压缩机；开发控制更精准、更节能的硅电子膨胀阀；采用高效的过冷式平行流冷凝器；改善微通道蒸发器结构，使制冷剂的蒸发更均匀。此外，受车门打开次数的影响，以及在行车中受车速、光照、怠速等因素的影响，空调湿热负荷大，压缩机乃至整个空调系统都要适应这种多因素变化的工况，因此热泵型电动汽车空调系统的变工况设计尤为重要。

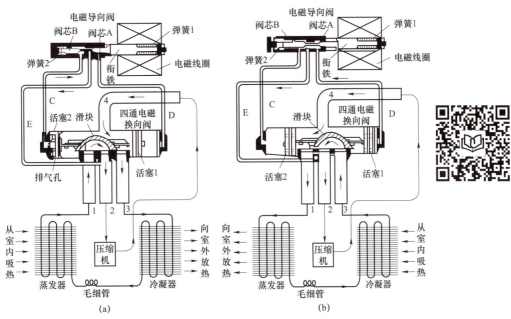

图 4-2 热泵系统工作原理
(a) 制冷;(b) 制热

蒸发器风机的风量与车室内温度、设定温度、环境温度、太阳辐射强度、蒸发器出风口温度之间的关系是非线性的,可使用以下公式来计算所需的风量:

$$风量 = T_{amb} + m \times T_{set} + n \times T_{in} + a \times T_{out} - S_{solor} - K$$

式中,T_{amb}、T_{set}、T_{in}、T_{out}、S_{solor} 分别为环境温度、设定温度、车室内温度、蒸发器出风口温度、太阳辐射强度;m、n、a、K 为常数。然后,可通过查表来控制蒸发器的风量。

汽车空调热泵系统与普通家用空调比较接近,是对普通家用空调使用场合的一种扩展。为防止制热时因除霜导致室内舒适性下降,采用了热气旁通,不间断制热除霜的方式。除霜时的运行原理与制热基本相同,只是将融霜电磁阀打开,将从压缩机排出的高温高压的过热气体的一部分分流到室外换热器的入口,迅速把室外换热器的温度提高到 0 ℃ 以上,融化室外换热器上的霜层,使换热器保持良好的换热效率。

现在有些客车采用了由这种家用空调技术改进的制冷和制热系统,笔者在做开发试制时就见过这样的大客车。由于客车有足够的空间,故这种方法的效果较好。国外电动汽车空调发展相对国内成熟,虽然国外电动汽车空调不乏有与国内相似的模式,但在热泵电动汽车空调上已经有一定的基础,日本本田纯电动车就采用了电驱动热泵式空调系统。

此外,在特别寒冷的地区使用时,部分车型可以选装一个燃油驻车加热器来采暖。

【技术指导】R134a 制冷剂和 CO_2 制冷剂是电动汽车常用的制冷剂,国内大多电动汽车空调采用日本电装(DENSO)公司开发的产品,有采用 R134a 制冷剂和 CO_2 为制冷剂的电动汽车热泵型空调系统,其在热泵系统的风道中采用了车内冷凝器和蒸发器的结构。与 R134a 制冷系统不同的是,当 CO_2 制冷系统为制冷模式时,制冷剂同时流经内部冷凝器和外部冷凝器。

注意:当风道中仅用一个换热器时,在制冷模式下为蒸发器,在制热模式下为冷凝器。采用这种结构的热泵空调系统,不仅需要开发允许双向流动的膨胀阀,而且在热泵工况下系统融霜时,风道内换热器上的冷凝水将迅速蒸发,并在挡风玻璃上结霜,这不利于安全驾驶。因此,有必要在热泵系统的风道中采用能设有内部冷凝器和蒸发器的结构,车外冷凝器和蒸发器共用一个热交换器。

4.1.3 驻车加热器制热

纯电动汽车无法利用发动机余热制热,但用电制热的方式在电池容量不高而价格高时不经济,因此国内有些电动车将传统燃油车使用的驻车加热器作为加热源,如图 4-3 所示,虽然有将燃油作为燃料的不足,但至少能促进电动汽车技术工艺的进一步发展。驻车加热器安装就是将其与仪表台下的原散热器冷却循环串联。其工作原理是利用另加的油箱来供油,并通过燃烧汽油产生的热量来加热散热器,同时使驾驶室升温。热交换器是发动机冷却水采暖系统的心脏,它的作用是把冷却水的热量传给空气。

图 4-3 气暖式和水暖式驻车加热器
(a)气暖式;(b)水暖式

驻车加热器的工作过程:遥控器(或定时器)给驻车加热器 ECU(电子控制单元)一个起动信号,计量油泵从油箱泵油并以脉冲形式将燃油打到燃烧室前的金属毡上,笔状点火器加热到 900 ℃左右,将喷溅的细小油滴汽化,空气由燃烧空气鼓风机吸入,与汽油混合并点燃,火焰将热能传递给发动机冷却液,电动循环水泵推动冷却水循环进入蒸发箱内的散热器,鼓风机使车内的冷空气通过散热器,把变热的空气鼓入车内。

【技术指导】虽然有些矛盾,但这种方法也是加速电动汽车在特殊地区(北方地区)产业化的一种方式。

4.1.4 PTC 加热器的电制热方式

当电动汽车采用加热器的电制热方式时,加热器一般配置在驾驶席和副驾驶席之间的地板下方。加热器由可用电发热的 PTC 加热器元件、将 PTC 加热器元件的热量传送至冷却水的散热扇组成。由于要求加热器有较高的制热性,因此电源使用的是驱动马达的锂离子充电电池的高压,而非辅助电池(12 V)。如果是纯电动汽车专用产品,也可以不使用冷却液,直接用鼓风机吹送经 PTC 加热器加热的暖风。

【技术指导】通常,工程上 1 mm^2 的纯铜线可通过 5 A 电流,若 3.6 kW 加热器为 12 V,则所需的供电线的横截面面积为 60 mm^2,但这样的电线又粗又硬,无法在车上使用。

由于要制造的加热单元需要使用动力电池的高电压，用少量放热元件产生大量热量，因此制造加热器需要有丰富的设计经验和制造技术。加热器机身内部有板状加热器元件，通过在元件两侧通入散热剂（冷却水）来提高散热性。加热器元件采用普通 PTC 元件，PTC 元件夹在电极中间，具有电阻随元件温度改变的性质。在低温区时电阻低，电流流通产生热量；随着温度升高，电阻逐渐增大，电流难以流通，发热量随之降低。PTC 元件的特性符合汽车的制热性能要求——具备在低温区的高制热性能。

电动车沿用汽油车的制热结构。发动机车的制热系统由发动机、冷却液、加热芯和送风的鼓风机电机组成。吸收发动机的热量而温度升高的散热剂在加热芯的内部流过，车内冷空气从加热芯的外部流过，为车内加热。因此，只要有暖风散热器和电动水泵该制热系统就能工作。

此外，目前加热器的 ECU（电子控制单元）与空调系统整体是各自独立的，也可将 ECU 与加热器集成为一体。纯电动汽车配备多个加热器元件，可以使其制热能力提高到与发动机车相当。但是，为了尽量把电池容量留给行驶，在设计时对制热耗电进行了抑制。以弱混电动汽车按市区行驶速度（40～60 km/h）为例，在某些条件下，制热时的行驶距离要短于制冷时的行驶距离，从而体现出制热的电池消耗比制冷的电池消耗更大。

目前，弱混电动汽车的制冷系统和制热系统各自独立。例如，德国在国内轻混型混合动力汽车上的制热主要依靠发动机冷却液的余热，制冷则采用电动空调压缩机。

4.2 电动制冷过程

早期的国产电动汽车受蓄电池存储能力的限制，为了不影响电动汽车的续驶里程，大多数电动汽车都没有配备空调系统。随着国内电动汽车逐步产业化、市场化，电动汽车必然要配备空调系统。受到电动汽车独特性的影响，国内汽车厂家在传统燃油汽车空调的基础上进行部分替换设计，将燃油发动机带动的压缩机替换成直流电动机直接驱动的压缩机，在控制上做相应改变，以完成空调制冷的功能。目前，替换设计效果基本能解决电动汽车空调的制冷问题，但制冷效率有待提高。

【技术指导】在空调的主要零部件选用上，目前国内的电动汽车除了压缩机和控制模式，其他主要零部件沿用燃油汽车空调的零部件，冷凝设备主要采用平行流冷凝器，蒸发设备主要采用层叠式蒸发器，节流装置仍然是热力膨胀阀，制冷剂仍然是 R134a。

4.2.1 单制冷式空调

单制冷式空调系统组成沿用传统燃油汽车空调元件，仅实现制冷作用，不能像热泵型空调系统那样既能制冷又能制热。

1. 制冷系统的组成

图 4-4 所示为汽车制冷系统，主要由纯电动（或混合动力）汽车的混动压缩机、冷凝器、储液干燥器、膨胀阀、蒸发箱和控制电路等组成。低压管路：从节流阀出口至压缩机入口，沿程有蒸发箱、低压加注口、积累器。高压管路：从压缩机出口至节流阀入口，沿程有压缩机、冷凝器、干燥器、高压加注口、高低压开关、节流阀。

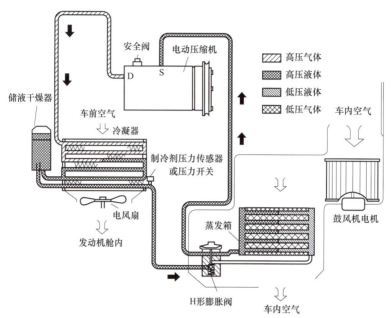

图4-4 汽车制冷系统的组成

【技术指导】客车多采用变频器控制高压三相电动机来驱动压缩机电机,因此有独立的电机变频器,电动机和压缩机之间采用皮带传动方式;轿车多采用整体式电动压缩机电机,这种压缩机内部有电机,一般采用高电压供电变频驱动。

2. 制冷系统部件的功能

压缩机把低温、低压的气态制冷剂吸入并压缩成高温、高压液态制冷剂,以对外界空气形成温差。经过冷凝器专用风扇(或发动机散热器风扇),冷凝器把高温、高压制冷剂的热量散至周围空气,为制冷剂降温;干燥器用于除去制冷剂中的水分;高压加注口用于加制冷剂或对管路抽真空;在高低压开关中,高压开关保护管路,低压开关保护压缩机;节流阀(膨胀阀)是一个可变(或固定)截面的小孔,其将高压制冷剂节流雾化,经蒸发箱吸收车内空气热量;在鼓风机的作用下,蒸发箱吸收车内热量,变成低温、低压的气态;积累器用于储存制冷剂,防止从蒸发箱出来的不是气态而液击压缩机,一般不设计;低压加注口用于加制冷剂或对管路抽真空。

对于目前的传统燃油汽车空调系统,制冷主要采用发动机驱动的蒸汽压缩式制冷系统,而制热主要采用燃油发动机产生的余热。对于电动汽车中的纯电动汽车和燃料电池汽车,其既没有发动机作为空调压缩机的动力源,又不能提供作为汽车空调冬天制热用的热源,因此无法直接采用传统燃油汽车空调系统的解决方案;而对于混合动力车型,发动机的控制方式多样,故空调压缩机也不能采用发动机直接驱动的方案。综合以上原因,在电动汽车的开发过程中,必须研究适合电动汽车使用的新型空调系统。由于电动汽车有高压直流电源,因此,采用电动热泵型空调系统,并将压缩机采用电动机直接驱动,成为电动汽车可行的解决方案。若热泵型空调的压缩机电动机采用变频控制技术,膨胀阀采用电子膨胀阀节流技术,则能使控制更精确,且更节能。

在传统燃油汽车的自动汽车空调系统中，通过控制混合风门的开度来调节出风温度，通过控制风机的转速来调节风量，以使车室内温度保持在设定值；而对于电动车热泵型空调系统，没有热水芯来调节出风温度，但是压缩机的转速可以通过变频器来控制，因此它的控制方法也就不同于传统燃油汽车的空调系统。

在电动车热泵型空调系统中，压缩机的转速是制冷量的主要控制量。控制压缩机的转速可采用的方法归纳如下：若车室温度高于设定温度1℃，为了尽快使温度达到设定值，则应将压缩机以最大转速运行；若车室温度低于设定温度1℃，则将压缩机以最低转速运行；当室温偏差在−1～1℃时，则以每一采样时刻的室温与设定值的温差及温差的变化率为输入量，通过模糊推理得出压缩机的转速值。同时，蒸发器风机的风量不仅影响制冷系统，而且对车室温度有较大的影响。如果只将蒸发器风机以最大风量运行，不仅噪声比较大，也不利于满足车室的舒适性要求。尤其对于电动车空调系统，没有热水芯调节出风温度，车室内的空间比较狭小，如果车室温度只通过调节压缩机的转速来控制，则车室内温度比较容易波动，不利于系统的稳定运行。因此，只在车室负荷比较大的情况下才让蒸发器风机以最大风量运行，而在其他情况应该采取合适的控制策略，以保证车室内的温度稳定在设定温度。在初始制冷阶段，压缩机和蒸发器风机以最大转速运行，能使车室温度迅速降到设定温度。当温度达到设定温度后，有少许超调量，控温精度较高。例如，当压缩机从最大转速6 000 r/min降到3 300 r/min左右时，可通过控制蒸发器风机的风量使车室内温度平稳地降到设定温度附近，使得此时压缩机转速的超调量较小。

❋ 4.2.2 电动变排量涡旋式制冷压缩机

新款普锐斯（Prius）上的ES18电动变频压缩机由内置电动机驱动。除了由电动机驱动的部件外，压缩机的基本结构和工作原理与旧款普锐斯上的涡旋压缩机相同。对于空调变频器提供的交流电（201.6 V）驱动电机，变频器集成在混合动力系统的变频器上。这样，即使发动机不工作，空调控制系统也能工作。这样，既达到了良好的空气状况，又减少了油耗。由于采用了电动变频压缩机，因此压缩机转速可以被控制在空调ECU计算的所需转速内。因此，冷却性能和除湿性能都得到了改善，并降低了功率消耗。压缩机的进气、排气软管采用了低湿度渗入软管，这样可以减少进入制冷循环中的湿气。压缩机使用高压交流电。如果压缩机电路发生开路或短路，那么HV−ECU将通过切断空调变频器电路来停止向压缩机供电。为了保证压缩机和压缩机壳内部高压部分的绝缘性能，新款普锐斯采用了有高绝缘性的压缩机油（ND11）。因此，绝对不能使用除ND11型压缩机油或它的同等品外的压缩机油。

1. 结构

如图4−5所示，电动变频压缩机包含螺旋形固定蜗形管（定子叶片）和可变蜗形管（晃子叶片）、无刷电机、油挡板和电机轴。固定蜗形管安装在壳体上，轴的旋转引起可变蜗形管在保持原位置不变时转动，这时由这对蜗形管隔开的空间大小的变化来实现制冷气的吸入、压缩和排出等功能。将进气管放在蜗形管上可以直接吸气，从而可以提高进气效率。压缩机中有一个内置油挡板，可以挡住制冷循环过程中与气态制冷剂混合的压缩机油，使气态制冷剂循环顺畅，从而降低机油的循环率。

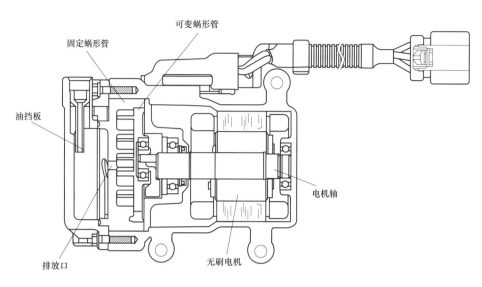

图4-5 电动变频压缩机内部结构

2. 工作原理

图4-6所示为电动涡旋式压缩机的定子叶片和晃子叶片实物。

图4-6 电动涡旋式压缩机的定子叶片和晃子叶片
(a)定子叶片；(b)晃子叶片

电动变频涡旋式压缩机的工作过程如图4-7所示。

1）吸入过程

在定子叶片（固定蜗形管）和晃子叶片（可变蜗形管）间产生的压缩室的容量随着晃子叶片的晃动而增大，这时气态制冷剂从进风口吸入。

2）压缩过程

吸入完成后，随着晃子叶片继续转动，压缩室的容量逐渐减小。这样，吸入的气态制冷剂逐渐压缩并被排到定子叶片的中心。当晃子叶片转动约2周后，制冷剂的压缩完成。

3）排放过程

压缩完成而压力较高时，气态制冷剂通过定子叶片中心的按压式排放阀排到高压管。

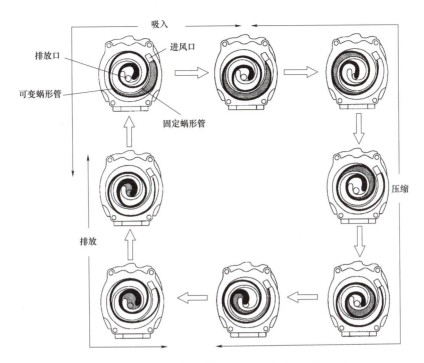

图 4-7 电动变频涡旋式压缩机的工作过程示意

4.3 纯电动汽车空调不制冷故障诊断

4.3.1 电动汽车制冷工作过程

吉利 2017 款 EV300 纯电动汽车的空调系统既负责为汽车室内进行制冷，也负责锂离子电池在极端热环境下的制冷，如图 4-8 所示。

电动压缩机的控制过程：驾驶员通过控制面板打开空调，设定室内温度，自动空调控制器（ECU）通过查询其内部的电动空调压缩机转速目标 MAP 图，将转速目标数据发送给电动空调压缩机总机上部内置的空调压缩机变频器的控制器（ECU）部分，压缩机变频器的控制器（ECU）部分根据转速目标数据控制变频器的驱动板形成驱动控制全桥逆变器的驱动信号，驱动信号驱动全桥逆变器形成三相电机的交流信号，电机转子开始转动，电机转子上的转速（位置）传感器将实际电机转速反馈给变频器控制器（ECU），以实现反馈控制。

转动起来的电动压缩机吸入低温气态的制冷剂后，压缩出高温气态制冷剂；高温气态制冷剂经冷凝器降温后形成高温液态制冷剂；高温液态制冷剂进入一段从蒸发器出来的双层管结构的外层管，内管是从蒸发器出来低温气体的制冷剂，其将外管的高温液态制冷剂进一步冷却，这样的设计可提高空调的制冷效率。

在外管的左侧有两个输出，下部的输出去往蒸发器进口电磁阀，经给车内制冷的蒸发器流出，从蒸发器回流至右侧的低压管，经双层管的内管再次进入压缩机，从而构成循环。

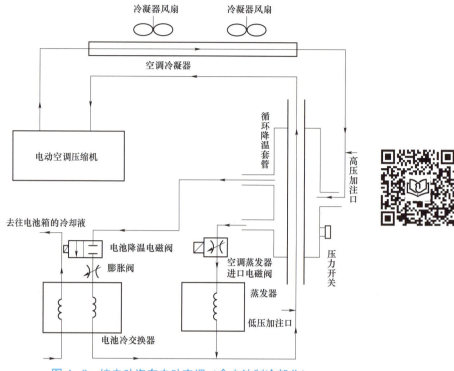

图 4-8　纯电动汽车电动空调（含电池制冷部分）

在外管左侧上部的输出去往电池降温电磁阀，经电池降温专用膨胀阀进入一个小型的电池冷交换器的蒸发器，从蒸发器回流至右侧的低压管，经双层管的内管再次进入压缩机，构成循环。电池冷交换器的左侧管路内装有防冻液，防冻液的热量被制冷剂带走，自身温度降低，降低温度的防冻液流经电池底部的热交换铝板（图中略），从而起到冷却电池的作用。

4.3.2　压缩机不制冷的故障原因分析

电动汽车空调的控制与燃油车的控制基本相同，大部分故障与燃油车的故障原因相同。下面分析常见的不制冷的原因。

1. 压缩机起动控制条件未达到

（1）空调控制面板操作错误。
（2）车前杠处的外界环境温度传感器检测到外界环境温度过低而禁止空调压缩机转动。
（3）高压管处的高、低压力传感器检测到制冷管路的制冷剂过多或过少而禁止空调压缩机转动。

2. 压缩机起动控制条件已达到，压缩机仍不转动

（1）压缩机高压供电保险损坏（压缩机外部供电线路短路）。
（2）压缩机高压绝缘损坏。
（3）空调控制器和变频器通信线路损坏。
（4）压缩机变频器损坏。
（5）空调控制器损坏。

4.3.3 制热工作控制过程

吉利 2017 款 EV300 纯电动汽车空调制热采用一个高压加热器（图 4-9），加热器对冷却水进行加热，热的冷却水流经空调暖风散热器给驾驶室加热；同时，热的冷却水流经电池热交换器一侧，电池热交换器的另一侧是流经电池的冷却液，从而给电池组加热。

图 4-9 空调暖风和电池共用的高压加热器

高压加热器的高压电流是经过高压配电箱保险流过来的，直流先进入高压加热器（图 4-10），再经过功率开关管进行电流控制，从而实现驾驶员对驾驶室温度的设定要求。驾驶员设定的温度越高，对应的鼓风机转速就越高，同时加热器的加热电流就越大。低压控制端口用于给加热控制 ECU 供电，并提供通信线路。两侧的粗管为冷却液的流入和流出口，在端口标有进、出标记。

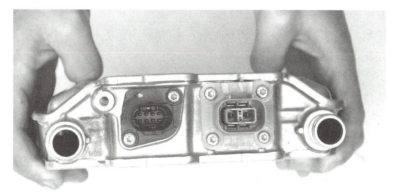

图 4-10 加热器控制端口与高压供电端口

高压加热器可分成高压和低压两部分。低压部分的控制包括供电、接收空调面板的加热需求信号，以及将加热器自诊断出的故障输出等；在高压部分，功率管的驱动电源由高压部分降压产生。

为了实现低压部分对高压部分的控制信息的下达和上传,在电路板上采用了光耦进行光电隔离,如图 4-11 所示。

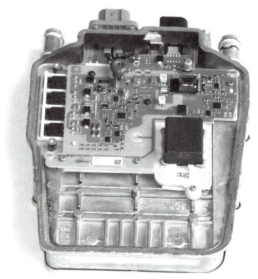

图 4-11　加热器控制器 ECU 及 4 个功率管

4.4　空调无暖风故障诊断与排除

1. 故障现象

长春某校内安保人员使用一汽奔腾 B50 纯电动汽车巡逻,在 12 月来报修空调没暖风。在长春,冬季没有暖风是很严重的事情。保安反映,前挡风玻璃无法除霜,同时车内也非常冷,无法巡逻。

2. 故障原因

经检查,发现确实没有暖风,分析导致没有暖风的原因,有以下几种情况:
(1) 高压电没加到 PTC 控制器上。
(2) PTC 控制器无法控制开关管(开关管在控制器内部)。
(3) PTC 控制器未供电工作。
(4) 空调的控制信号未送达 PTC 控制器。
以上 4 点是从经验角度按故障概率由大到小排的顺序。

3. 故障诊断

由于第(4)点通信问题不易发生,且低压控制线在手套箱后的 PTC 控制器内,不易检查。所以首先考虑第(1)点,这很可能是 PTC 加热器本身损坏,但 PTC 加热器在蒸发箱中,测量较困难。根据该车 PTC 加热供电取自 DC/DC 转换器内部的继电器(图 4-12),也可能是中间供电的继电器未工作。

如果有正常的 DC/DC 转换器,则可以考虑更换 DC/DC 转换器本身,从而更换内部的 PTC 供电继电器。

图 4-12　DC/DC 转换器内部的空调 PTC 供电继电器（右下侧）

由于在校内没有举升机，即无法从车底将检修塞拆下，所以只能断开蓄电池负极。断开蓄电池负极后，主供电继电器就断开了。理论上不必拆下检修塞的，厂家要求拆下检修塞是防止主供电继电器粘接而无法断开，进而造成触电危险。在操作过程中，出于安全考虑，在断开蓄电池后，应对变频器的直流进线进行验电操作（图 4-13）。确认无电后，断开变频器控制线束，拆下变频器，断开直流供电。拆下变频器上盖，断开电机的三相连接（图 4-14）、电机解角传感器和温度传感器连接。断开冷却水管，断开 DC/DC 转换器前后的线束连接，抬下变频器，更换新的 DC/DC 转换器（带 PTC 供电继电器），如图 4-15 所示。

接上水管、线束、全部拆装部件后，接上蓄电池，将点火开关打到 READY 挡，打开空调加热开关，出风口仍无热风出来，说明故障不在 DC/DC 转换器的供电继电器上。

图 4-13　拆下变频器电缆

图 4-14　拆电机和变频器连接

既然故障不在 DC/DC 转换器上，那么就一定在带控制器的 PTC 加热器上，因为本车的 PTC 加热器和控制器一体，外界的接线有控制线束和高压供电线束，而控制线束一般不会出现故障。

但"故障不在 DC/DC 转换器的供电继电器上"的想法太草率了，因为最开始就怀疑带控制器的 PTC 加热器有问题是不对的，若能绝对判定高压供电正常，则可考虑更换带控制器的 PTC 加热器。DC/DC 转换器的供电继电器在工作时是有声音的，打开空调暖风开关，若能听到或摸到继电器的振动，则可断定高压加到 PTC 加热器上。因此，安排一人在车内操作空调暖风开关，另一人触摸 DC/DC 转换器的供电继电器侧的外壳，由于可摸到继电器工作的振动，也可听到轻微的"咔嗒"声，因此可完全判定带控制器的 PTC 加热器（图 4-16）损坏了。当然，这里还是有一点漏洞，就是还不能确定空调对带控制器的 PTC 加热器的控制器部分的控制是否正常，毕竟在实际排查故障时难以面面俱到。

图 4-15 更换新的 DC/DC 转换器

图 4-16 带控制器的 PTC 加热器

4. 诊断思路回顾

更换新的 DC/DC 转换器（带空调加热供电继电器）有些徒劳，当时一方面是考虑到"概率大"，另一方面是想连检带修一次完成。正确的做法：打开空调暖风开关，听（或摸）是否有继电器的工作声音（振动）。这个实车操作较困难。

为什么不断开高压线束来测量一下是否有电压？这是因为，一旦断开高压线束，高压配电箱内的主供电继电器就断开了，则测量不到电压。即使能测量到，也有 3 方面顾虑：一是不安全；二是线束端子不易测量；三是在变频器和防火墙的狭小空间里很难测量。

第 5 章

减速箱驻车挡电路

小林遇到一辆纯电动汽车的驱动轮 P 挡无法解除,车辆无法行驶,且仪表上出现一个葵花形的红色警告灯,你知道解决这个问题要用到哪些知识吗?

(1) 能画出纯电动汽车减速箱的结构图。
(2) 能画出线控驻车挡示意图,并能说明其工作原理。
(3) 能排除电动汽车驻车挡无法解除故障。

5.1 纯电动汽车传动系统结构的形式

5.1.1 传动系统结构的驱动形式

采用不同的电力驱动系统,可构成不同结构形式的电动汽车,下面介绍几种不同结构的驱动形式。

1)电机横置前驱结构

在传统发动机横置前驱的燃油汽车上,将发动机换为电机、将变速器换为多级主减速器,并将这个多级主减速器和差速器集成为一个整体,两根半轴连接驱动车轮。这种结构在电动轿车上应用得最普遍。

2)电机纵置后驱结构

在电机后用固定传动比的减速器,由电机、固定传动比的减速器、差速器组成电力驱动系统,没有离合器和可选的变速挡位,转矩大小由逆变器控制输出。这种结构在电动客货车上应用得最普遍。

【技师指导】双电机结构就是用两个电机通过固定速比的减速器来分别驱动两个车轮,每个电机的转速可以独立地调节,能实现车轮电子差速,不必安装差速器,其具体形式仍有以下两种。

1）高速轮毂电机结构

采用高转速电机驱动行星齿轮的太阳轮，内齿圈固定，行星架减速输出。这种结构一般用在工程车辆上。

2）低速轮毂电机结构

采用低速外转子电机，取消行星齿轮减速，电机的外转子直接安装在车轮上。这种结构一般用在工程车辆上。

5.1.2 不同车型的变速器

由于电机自身能输出汽车行驶的转矩，所以在小型、中型卡车和轿车上取消了变速机构，而采用减速机构，即减速机构只有主减速器。

1. 小型、中型卡车

主减速器多为两级式主减速器，总主减速器的传动比是两级传动比的乘积。单电机时，差速器仍是必要的部件。图5-1所示为用在小型、中型面包车上的电动减速驱动桥。

图5-1 小型、中型面包车上的电动减速驱动桥

电机具有低速扭矩大、工作转速范围宽的特点，电机反转即可实现倒车。因此，变速器的前进挡D和倒挡R只是电机正转和反转的控制信号。

2. 乘用车

图5-2所示为轿车电力驱动系统，其把电机、减速器、差速器和功率逆变器集成在一起，外部只有强电、弱电线束和冷却水管。

若采用前后轴各一台这样的动力驱动系统，则是很好的四轮驱动。

3. 客货车

在本书中，客车和货车统称客货车。

1）客货车使用变速器的必要性

电机拥有很宽的工作转速范围，与发动机一样，电机也有最佳工作转速区间，若高于或低于这一区间，效率就会下降。

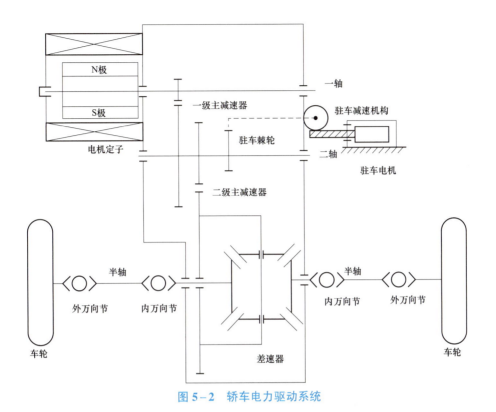

图 5-2 轿车电力驱动系统

（1）无变速器的电机效率。一台 40 kW 的电机在刚起动时，效率仅有 60%～70%；随着速度的提高，效率逐步提高，在 3 300～6 000 r/min 时，效率能达到 94% 以上；在接近极限转速 10 000 r/min 时，效率降到 70% 左右。可以看出，合理利用变速器，让电机工作在最佳转速区，对于提高效率十分有意义。

（2）无级变速器的效率。电动汽车若采用无级变速器，则会比使用固定传动比的减速器时的能耗降低 5%～7%，噪声也减小很多。

（3）客货车是否采用变速器。在客货车上，若无变速器，则电机的低速电流大、最高车速低、噪声大、耗电量大；若采用固定传动比输出，就不能充分随路况变化而改变扭矩，将对电机、蓄电池及控制器造成严重破坏。所以，客货车仍采用变速器。

（4）客货车采用二挡或三挡的变速器。在电动客货车上配装变速器（图 5-3），主要是为解决电机动力不足的问题。变速器可以改变电机扭矩，从而提升电机动力。相比燃油车上的变速器，纯电动客车配装的变速器的结构大大简化，变速器挡数由传统多挡简化成 2 挡或 3 挡，电机和变速器之间可配有离合器，也可不配离合器。

2）无同步器 AMT 应用

传统变速器的换挡条件是有离合器切断动力，同步器使从动齿轮和主动齿轮同步。新的设计理念是在无离合器条件下实现自动换挡。为此，设计出电机主动调速适应从动齿轮转速的自动换挡变速器，图 5-4 所示为电机调速齿轮同步的自动换挡动力总成。

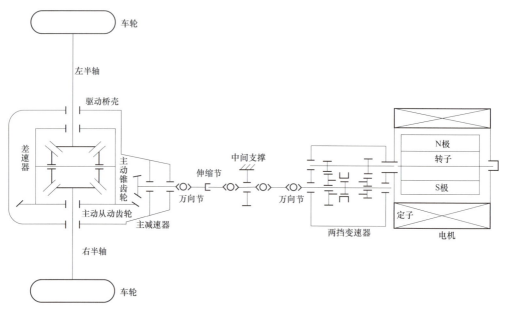

图 5-3 纯电动客车变速箱结构

图 5-4 电机调速齿轮同步的自动换挡动力总成

电机调速齿轮同步自动换挡的工作原理：自动变速器接收变速器输出的轴转速传感器信号，同时接收电机的转速信号；在换挡前，先调节电机转速至从动齿轮的转速，然后采用电控气动、液动、电动三种装置之一来推动拨叉，由于主动齿轮和从动齿轮的转速相等，因此拨叉推动接合套直接挂入相应的主动齿轮。图 5-5 所示为一款电控电动换挡执行装置。

图 5-5 电控电动换挡执行装置

5.2 典型减速箱的原理与诊断

5.2.1 减速箱

比亚迪 E6 电动汽车采用了两级减速齿轮的减速箱（没有变速箱），减速箱内的控制装置只有 P 挡线控驻车电机控制的驻车锁止轮，如图 5-6 所示。

图 5-6 驻车锁止轮

电机通过变频器调频来改变转速，通过线控换挡杆向变频器内的电机控制器发送信号来改变转动方向。

【技师指导】线控驻车电机故障有驱动管（或电机）故障、位置霍尔信号故障、备用霍尔故障等。

5.2.2 P 挡电机控制器

P 挡电机控制器主要包括控制器、电机、霍尔位置传感器。其中，霍尔位置传感器和电机集成在一起，位于主驾驶员座椅地板处，用于控制 P 挡电机，以实现车辆动力系统的锁止和解锁。

P 挡电机控制器实现的功能：接收驱动电机控制器的锁止命令，对电机执行相应的锁止操作，以保证车辆停车的可靠性；接收驱动电机控制器的解锁命令，对电机执行相应的解锁操作，以保证车辆的正常起步。不同于传统的机械拉索控制锁止结构，它通过控制电机转子转动时的伸出与缩进来控制是否锁止变速箱。

P 挡电机控制器主要控制 P 挡电机在 P 挡位置的锁止变速箱，主要完成 PWM（脉冲宽度调制）波对 P 挡电机的控制。P 挡电机为开关磁阻电机，属于异步电机的范畴。该电机内部有叶轮、摆轮等部件。叶轮每旋转 60 圈，摆轮就旋转 1 圈。摆轮通过花键与锁止机构相连，将变速器锁止。

P挡电机控制器电源及搭铁线路如图5-7所示,由常电和点火开关供电,有3条搭铁线。

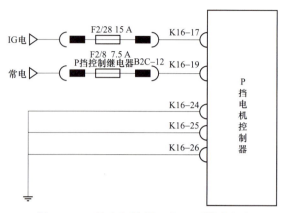

图5-7 P挡电机控制器电源及搭铁线路

P挡控制电机电路工作原理(图5-8):P挡电机控制器K16-5内部接地,P挡控制继电器线圈通电,继电器开关闭合给P挡控制电机的3个线圈供电,3个线圈经B13-7、B13-1、B13-6到达P挡电机控制器。为保证工作可靠,一个线圈采用了3个接口。这个接口内部为开关管,可实现线圈内部接地。

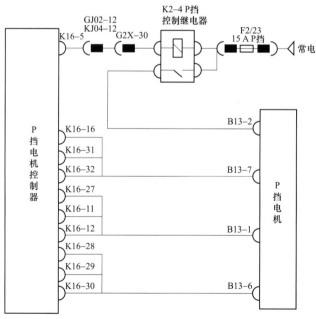

图5-8 P挡控制电机电路的工作原理

【完成任务】P挡驻车锁电机为三相电机,外接三根线的任意两根之间为两相线圈串联,由于对称性,检查P挡电机时,三根线间的电阻值应为1.40~1.45 Ω,三根线和电源线间的电阻值应为0.70 Ω。

P挡控制电机要想准确实现驻车锁止和解除驻车锁止功能,就要有准确的电机转子位置反馈,如图5-9所示。反馈方法:通过电机内部的3个霍尔传感器Hall A、Hall B、Hall C

来监测电机转子的位置；电机转子的端部有一个多极磁环，当电机转子转动时，多极磁环扫描 3 个霍尔传感器 Hall A、Hall B、Hall C，实现在 P 挡电机控制器到 P 挡电机的 3 根信号线与 P 挡电机的间歇接地，从而在 P 挡电机控制器内部形成接地的信号，然后通过这个信号来实现电机转子位置的监测。

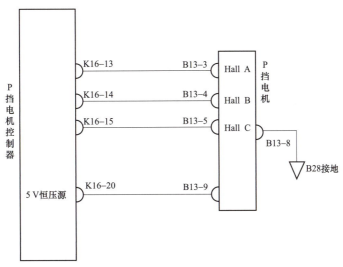

图 5-9　P 挡控制电机位置反馈控制电路

P 挡电机控制器控制接收来自 CAN 总线的锁止、解除锁止的信号（图 5-10），以完成 P 挡电机控制；同时，P 挡电机控制器的故障信息也可通过 CAN 总线输出到总线。

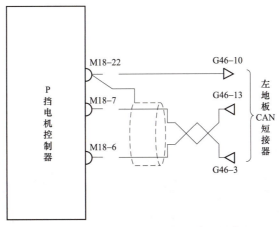

图 5-10　P 挡锁止/解锁信号输入电路

P 挡锁止用电机采用开关磁阻式电机，为三相 12/8 极，其电路原理可简化成图 5-11 所示的情况。按下 P 挡，开关的接地信号被微控制器接收，T_1 工作，P 挡电机继电器工作，向磁阻电机的 3 个定子线圈供电。当 T_1、T_2、T_3 按顺序导通时，电机转子向一个方向转动；当 T_3、T_2、T_1 按顺序导通时，电机转子向另一个方向转动。电机转子上有多极磁环，用于扫描霍尔传感器 Hall A 和 Hall B。霍尔传感器 Hall A 和 Hall B 可到识别电机转子的转速和转动方向，两个信号可以向微控制器反馈转动的极位数，从而电机在工作到固定行程后停止控制工作，以保证驻车棘爪准确切入棘轮和脱出棘轮。

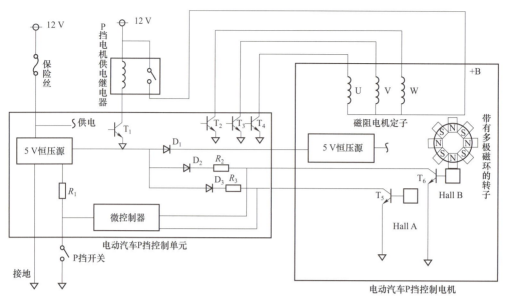

图 5-11　P 挡电机控制电路

5.2.3　驻车挡无法解除

分析过程如下：

（1）诊断仪能否从减速箱控制器读取到挂 P 挡的信号？若不能，则说明换挡杆线控控制器未供电工作或本身损坏。

（2）若诊断仪能从减速箱控制器读取到挂 P 挡的信号，仪表却不能显示 P 挡，则说明执行电机的动作未执行，其原因是电机未供电或损坏。

（3）若诊断仪显示"P 挡电机的位置错误信号"，则表明带有位置传感器的 P 挡电机内的位置传感器损坏或新更换的 P 挡电机尚未进行基本设定，以及 P 挡控制器有故障。P 挡电机的位置错误信号引起向日葵形状的 P 挡减速箱控制单元故障灯点亮（图 5-12），将导致车辆无法行驶。

图 5-12　减速箱控制单元故障灯点亮（右上侧红色向日葵形状）

【技师指导】以上为通常的分析，笔者经历过吉利汽车"P 挡电机的位置错误信号"并非驻车电机内部的位置传感器故障。当时，在更换驻车电机总成后，故障并未排除；在确认线束没有接触不良后，就更换减速器驻车电机控制 ECU（图 5-13），故障排除。

图 5–13 减速器驻车电机控制 ECU

第 6 章

新能源汽车总线控制

一辆纯电动汽车无法 READY 上电行驶，使用诊断仪读取车辆控制器（VCU），自诊断信息显示"总线循环计数器超差"。你知道解决这个问题要用到哪些知识吗？

（1）能说出 LIN 异步通信原理图的波形生成原理。
（2）能说出 CAN 异步通信原理图的波形生成原理。
（3）能测量并描述 LIN 通信的波形。
（4）能测量并描述 CAN 通信的波形。

6.1 汽车通信技术

6.1.1 汽车通信的必要性

1. 从布线角度分析

传统的电气系统大多采用点对点的单一通信方式，这将必然造成庞大的布线系统。据 20 世纪 80 年代的一个统计，在一辆采用传统布线方式的高档汽车中，其导线长度可达 2 000 m，电气结点达 1 500 个；而且，该数字大约每 10 年增长 1 倍，从而加剧了粗线束与汽车有限的可用空间之间的矛盾。因此，传统布线方法将不能适应汽车的发展，这就急需一个布线少的高速网络来代替传统布线。

2. 从信息共享角度分析

要想对现代汽车的发动机、底盘、电气和电力驱动这四个系统实现综合控制，就要实现信息共享技术。

3. 从可靠性角度分析

以往控制单元的单线通信通道多，导致故障也多，且不易排查。采用汽车通信技术，可减少线束数量,使可靠性增强,从而降低故障率。另外,通信的自诊断功能有利于快速发现故障点,使检修难度降低。

【技师指导】结点和节点的区别:结点是线间重新接合在一起的点;节点是在通信路上的控制单元。

6.1.2 数据传输的特点

现代汽车数据传输的特点是数字化、多路复用。

1. 数字化

例如,发动机控制单元有发动机水温信号、发动机转速信号、节气门开度信号三种信息发送到自动变速器控制单元。在传送前,这些数据被数字化成"0"或"1",如图6-1所示,数据传输是以数字信号的形式来支持信息交流,如发动机水温信号可用8位的"0"或"1"表示。

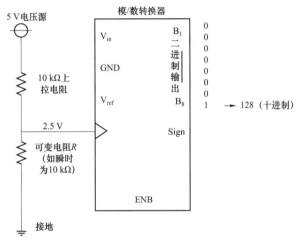

图6-1 发动机水温信号数字化过程

模/数转换器是将模拟量转换为二进制数字量的芯片。模拟量0用二进制数00000000表示,十进制数为0;5 V用11111111表示,十进制数为255(0~255共有256个数)。当水温为-20 ℃、输入电压为2.5 V时,对应的二进制数均为10000000,十进制数均为128。反过来,当发动机ECU(电子控制单元)内的MCU(微控制器)收到二进制数10000000时,就知道实际水温是-20 ℃。

2. 多路复用

在传输介质的能力很强(如光纤)或介质传输能力不太强(如单金属线或双金属线)的条件下,由于在汽车上每个控制单元要传递的信号种类不是特别多,且每个控制单元对信号传输速度的要求不是很高,因此当一条线仅传递一个信号时,这个通道显得太空闲。为了有效利用这个通道,人们希望其能为车上的多个控制单元(节点)传输信号,以实现全车控制单元的数据共享,该技术即多路复用技术。

如图6-2所示,发动机向总线通道发送信息时,先将发动机的水温、转速、节气门开度的信号打包为数据。当然,数据前后还有总线协议要求的一些二进制数据作为控制数据或地址数据等。最终打包成一帧数据（只含 0、1 两种数据）。

图 6-2 多路复用技术

发动机控制单元要发送的数据只有 0、1 两种，因此信息共享传播方式是通道实现高、低两种电压脉冲变换。高、低两种电压脉冲被发动机控制单元、变速器控制单元、制动控制单元检测，发动机控制单元检测的目的是检查刚才所发的数据是否正确。变速器控制单元和制动控制单元检测电压脉冲是为了实现数据共享。

6.1.3 串行异步通信技术

在汽车上使用串行异步通信技术时，根据通信导线的数目，可将其分为单线、双线两种。单线，用于串行异步通信和 LIN 通信（也是串行通信）；双线，用于 CAN 通信和 FlexRay 通信。单线串行通信可用于不需要瞬间处理或允许稍缓处理的信息交换的情况，分为同步通信、异步通信两种。

1. 同步通信

当因为无法增加线路而导致数据传输堵塞，或者因成本（如使用了电话线路）等原因无法增加数据线路时，可采用串行通信方式来传输数据。若组成二进制信息的每行字位一个接一个地传输，按发送器与接收器之间的同步时钟的速度进行，则称为同步通信。这种通信方法在获取信息时比并行通信需要花费更多时间，其优点在于可减少所需电线的数量，如图 6-3 所示。汽车上几乎不用同步通信。

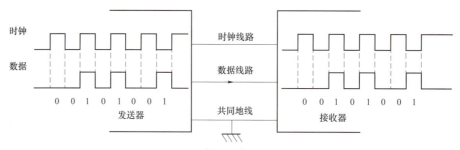

图 6-3 串行同步通信示意图

2. 异步通信

异步通信可省去连接发送器与接收器的同步时钟线路。在这种情况下，每个组件都有一个内部时钟，周期是相同的。发送器先向接收器发送具有开始字位的一段脉冲，接收器在第一个拉低脉冲持续一个内部时钟的时间后开始认为是信号传递,这个过程也称为初始同步信号。信息初始有一个开始 0 字位,这个开始字位不是数据,它的作用是使接收器的时钟与发送器的时钟同步。信息以一个与开始字位相反的停止字位 1 结束,时钟将在开始发送每个信息时重新同步调节。

图 6-4 所示为一帧数据为 10 位的数据传送。事实上,一帧数据为多少位是不固定的,由汽车开发商和汽车制造商间事先确定,汽车制造商会委托汽车研发公司制定这方面的内容,汽车研发公司将制定出的通信协议交给汽车制造商,汽车制造商会将这个通信协议的内容分发给其他研发公司来实现配套开发。

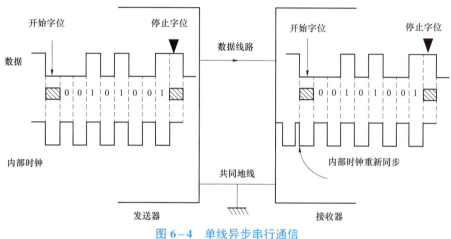

图 6-4 单线异步串行通信

异步通信不发送信息时是高电位,一般为 5 V 或 12 V 两种电压。LIN 通信本质上是异步通信,不发送数据时的电位为 12 V。

6.1.4 传感器集成级对通信的影响

在数字化大发展的今天,汽车开发商通过不断提高数字化质量和数目来升级其产品,以达到更智能控制的目的,如图 6-5 所示。

目前,汽车传感器有以下几种类型。

(1)模拟型传感器:包括发动机水温传感器、爆振传感器、磁感应传感器、加速踏板或电子节气门等,其输出采用模拟信号的形式。

(2)脉冲宽度调制信号(PWM)或频率型的传感器:包括空调压力传感器输出的 PWM 信号、发电机负载率 DFM 端子等,以及输出频率信号的某些热线式(或热膜式)质量空气流量计。

(3)LIN 总线型传感器:包括带有 LIN 总线的空调压力传感器、发电机的电压调节器 LIN 等。

(4)CAN 总线型传感器:包括某些汽车的方向盘转角传感器和 ABS 横摆率传感器等。

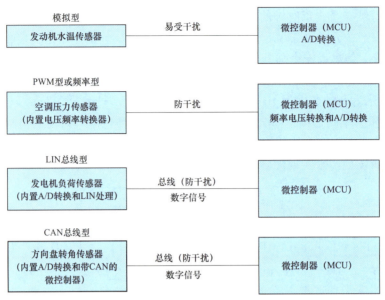

图 6-5 汽车传感器集成级对通信的影响

6.1.5 汽车网络可用的传输介质

1. 双绞线

双绞线是由两根带绝缘皮的普通铜导线扭绞而成的。目前,双线不归零码串行通信在汽车上有 CAN 和 FlexRay 两种协议,CAN 和 FlexRay 的硬件原理基本相同。

CAN 单通道通信为单根双绞线。如图 6-6 所示,两根数据线相互缠绕,既可防止外界噪声和干扰源的干扰产生错误信号,又能阻止本身向外辐射,对外产生干扰。

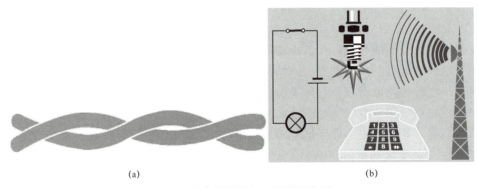

(a)　　　　　　　　　　(b)

图 6-6 两条数据线相互缠绕的作用

(a) 两根数据线相互缠绕;(b) 噪声和干扰源

对于 FlexRay,一般单通道通信采用单根双绞线就够用,若采用双通道通信则需要用两套双绞线。汽车制造商在使用双绞线时,通常用颜色来区分不同区域网络的 CAN 线。

2. 光纤

光纤(图 6-7)是有线传输介质中性能最好的一类,其一般由实心玻璃纤维和塑料构成。

在折射率较高的纤芯外面，用折射率较低的包层包裹，构成一条光波通道；在包层外面加一层保护套，构成一根单芯光缆。

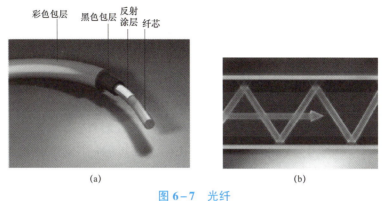

图 6-7 光纤

(a) 结构；(b) 全反射传播

光纤传输数字信号是利用光脉冲的有无来代表"1"和"0"的，典型的光纤传输系统如图 6-8 所示。在发送端，发光二极管（LED）把电信号转换成光信号在光纤中进行传输；在接收端，光电二极管（PIN）把光纤传来的光脉冲转换成电信号输出。

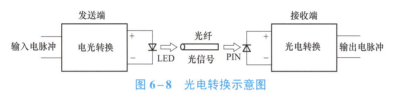

图 6-8 光电转换示意图

目前，光纤主要应用于信息-娱乐系统，如音频和视频等数据量大的信息传输系统，其以抗电磁干扰能力强、信号传输速度快、音频响应好等优点，将逐渐取代传统的同轴电缆和双绞线。

3. 同轴电缆

如图 6-9 所示，同轴电缆的最内层是单根铜导线，其外部被一层绝缘材料包围，在绝缘层的外部是网状金属屏蔽层。网状金属屏蔽层既可以屏蔽噪声，也可以做信号线的地线。同轴电缆的最外层是塑料封套。

目前，同轴电缆主要用于音频、视频信号的传输，如倒车影像。

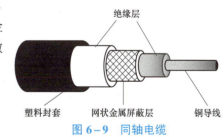

图 6-9 同轴电缆

6.1.6 汽车网络系统

表 6-1 对汽车网络标准在通信速率、汽车应用等方面做了详细比较。对于纯电动汽车的车辆控制器（Vehicle Control Unit，VCU）、变频器内置的电机控制器（Motor Control Unit，MCU）、带有车辆稳定控制功能（Vehicle Stability Control，VSC）的防抱死制动系统（Antilock Brake System，ABS）、电动转向系统（Electrical Power Steering，EPS）、驻车挡控制单元

（Parking Control Unit，PCU）、电池管理系统（Battery Management System，BMS）等，在未来或将采用传输速率更快的通信方式——FlexRay。

表 6-1 汽车网络标准

等级	通信速率	汽车应用	通信方式
A	10～125 kbps	传感器向控制单元发送数据；控制单元向执行器发送数据	LIN
B	125 kbps～1 Mbps	控制单元和控制单元间传递数据；重要传感器和控制单元间传递数据	CAN
C	1～10 Mbps	在配有辅助驾驶汽车上，主要应用在转向控制、制动控制以及四轮驱动和悬架控制上	CAN；FlexRay
D	10 Mbps 以上	在配有光纤通信的高档轿车上，应用于汽车导航、电视调谐器、收音机、DVD、音响功率放大器间的通信等	MOST

【完成任务】车用 MOST 通信就是光纤通信。既然 MOST 总线的通信速率最快，那为什么不全部采用 MOST 通信，还要存在其他通信方式？

6.2　LIN 总线

6.2.1　LIN 总线简介

LIN（Local Interconnect Network）是一种低成本的串行通信网络，适用于汽车中的分布式电子系统控制。LIN 的目标是为现有汽车网络（如 CAN 总线）提供辅助功能。因此，LIN 总线是一种辅助的串行通信总线网络。在不需要 CAN 总线的带宽和多功能的场合（如智能传感器和制动装置之间的通信），使用 LIN 总线可大大节省成本。

在 LIN 技术规范中，除了定义基本协议和物理层外，还定义了开发工具和应用软件接口。LIN 通信基于 SCI（UART）数据格式，采用单主控制器/多从设备的模式，主机和从机间仅使用一根 12 V 信号总线通信，主机和从机内部各有一个频率相同的时钟，主机和从机因无固定时间开始基准，因此需要能将 12 V 降为 0 V 的同步时钟信号。

这种低成本的串行通信模式和相应的开发环境已经由 LIN 协会制定成标准。LIN 的标准化将使汽车制造商和供应商降低成本。

【完成任务】LIN 是什么的缩写？LIN 是单线通信还是双线通信？LIN 的电压是 12 V 还是 5 V？LIN 是否属于串行异步通信？

6.2.2　LIN 的主要特性

LIN 的主要特性如下：
（1）传输速率最高可达 20 kbps。

（2）采用单主机、多从机模式，无须总线仲裁机制。

（3）只要改变 LIN 从节点的硬件和软件，就可以在网络上增加节点。通常，一个 LIN 上的节点数目最多为 16 个，过多时阻抗将变差。为了工作得更好，实际应用中的节点数不到 12 个，甚至远远少于这个数字。目前，应用 LIN 最多的系统为空调系统。

（4）低成本，基于通用串行通信接口，几乎所有微控制器都具备 LIN 所需的硬件。从节点无须晶振（或陶瓷振荡器）就能实现自同步，从而能节省从设备的硬件成本。

【完成任务】LIN 的最高速率是多少？LIN 的帧长度是固定的吗？

6.2.3 LIN 的通信规则

一个 LIN 由一个主节点、一个（或多个）从节点组成。所有从节点都有一个从通信任务，该通信任务分为发送任务和接收任务；主节点有一个主发送任务。一个 LIN 上的通信总是由主节点的主发送任务发起的，主控制器发送一个起始报文，该起始报文由同步断点、同步字节、消息标识符组成。相应地，在接受并且滤除消息标识符后，一个从通信任务被激活并开始本消息的应答、传输。该应答由 2（或 4 和 8）个数据字节和 1 个校验码组成。起始报文和应答部分构成一个完整的报文帧。

由于 LIN 报文帧由报文标识符指示其组成，因此这种通信规则可以采用多种方式进行数据交换。例如：

（1）由主节点到一个（或多个）从节点。

（2）由一个从节点到主节点或其他从节点。

（3）通信信号可以在从节点之间传播而不经过主节点，或者通过主节点广播消息到网络中所有从节点。

需要明确的是，报文帧的时序由主机控制。

6.2.4 LIN 的应用场合

典型的 LIN 总线主要应用在汽车中的联合装配单元，如车门、转向器、座椅、空调、照明灯等。在这些对成本比较敏感的单元，LIN 可以使那些机械组件，如智能传感器、制动器、光敏器件。这些组件可以很容易地接入汽车网络，并且维护和服务十分方便。在用 LIN 实现的系统中，通常用数字信号替换模拟信号，以优化总线性能。

以下是汽车电子控制系统成功使用 LIN 的实例。

（1）车内和车顶：车内湿度和温度传感器、观后镜光敏和雨滴识别传感器、汽车天窗控制。

（2）车门：左后门和右后门集中控制、后备厢门集中控制。

（3）发动机舱：空调压力 LIN 传感器、LIN 发电机和发动机通信。

（4）方向盘：转向开关、挡风玻璃刮水、收音机控制、空调控制集中 LIN 控制。

【技师指导】LIN 总线的本质是单片机的串行异步通信，智能传感器内置了微控制器，传感器上的微控制器功能相对简单，把传感器信号转换为数字信号后，主要向上级微控制器传送，由上级微控制器处理分析该数据。

6.2.5 LIN 端口的工作原理

LIN 总线的接口电路图如图 6-10 所示，蓄电池电压为 12 V，典型 LIN 总线主机端电阻为 1 kΩ，从机端电阻为 30 kΩ。

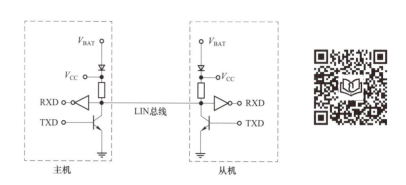

图 6-10 LIN 总线的接口电路图

LIN 总线的工作原理（因电路结构对称，故仅以主机向从机发送信息为例进行介绍）：

（1）当 TXD 为高电位时，三极管导通，总线电压为低电压，低电压经在从机侧的反向器变为高电位，RXD 接收为高电位。

（2）当 TXD 为低电位时，三极管截止，总线电压为高电压，低电压经在从机侧的反向器变为低电位，RXD 接收为低电位。

（3）当主机和从机间无信息传递时，主机和从机内的三极管不导通，因此总线体现 12 V 电位的空闲状态。当关闭点火开关后，LIN 总线仍传递信息，但在几秒钟后总线会出现 12 V 的空闲电位。

6.2.6 LIN 总线的自动寻址原理

在诸如自动空调的翻板控制功能中，各空气通道的翻板控制采用伺服电机或步进电机。为了让其 LIN 控制单元地址能被主控制单元（在空调控制面板中）识别，各 LIN 从控制单元首先要识别自己本身是哪个空气通道的伺服电机控制单元。空气通道上的伺服电机地址是确定的，在打开点火开关初始化时，应自动识别伺服电机地址码，并向主机发送自己的地址码。只有各伺服电机找到了对应自己的地址，才能进行极限位置的基本设置，即先寻址再基本设置。

1. LIN 总线的具体自动寻址结构

如图 6-11 所示，LIN 总线接空调控制单元（主控单元），4 个空气翻板电机为 LIN 从控制单元，LIN 从控制单元内分别内置地址电阻相同的 R_{11}、R_{12}、R_{13}、R_{14}，接地电阻分别为 R_{21}、R_{22}、R_{23}、R_{24}。

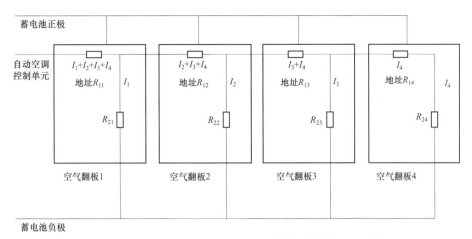

图 6-11 自动空调翻板电机的 LIN 总线自动寻址原理示意

2. LIN 总线的自动寻址过程

在 LIN 从控制单元中的接地电阻 R_{21}、R_{22}、R_{23}、R_{24} 的分流作用下,各 LIN 单元的地址电阻电流分别为 $I_1+I_2+I_3+I_4$、$I_2+I_3+I_4$、I_3+I_4、I_4,而各从控制单元的地址电阻相同,电流的不同导致电压不同,这样相同的翻板电机控制单元可用到不同的空气通道上,进而实现气流控制;每个 LIN 从控制单元通过地址电阻的电压来识别自己被安装在哪个翻板所在位置上,这样相同的部件可用在不同的位置。

【技师指导】更换翻板伺服电机时,要做基本设定,以保证空调主控单元能识别电机的极限位置,并通过位置反馈来存储这个位置。

6.2.7 大众 LIN 总线

在大众汽车上,各 LIN 总线系统之间的数据交换是由控制单元通过 CAN 数据总线来实现的。LIN 总线系统是单线式总线,底色是紫色,有标志色。该线的横截面面积为 0.35 mm^2,无须屏蔽。该系统可让一个 LIN 主控制单元与最多 16 个 LIN 从控制单元进行数据交换。

1. LIN 主控制单元

如图 6-12 所示,空调控制单元连接在 CAN 数据总线上,它执行 LIN 的主控功能,以

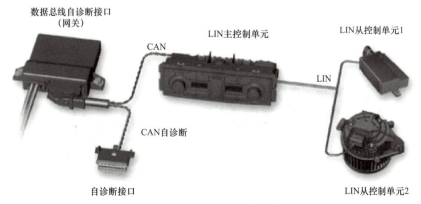

图 6-12 LIN 主控制单元作用

监控数据传递和数据传递的速率,发送信息标题。该控制单元的软件内已经设定了一个周期,该周期用于决定在何时将哪些信息发送到 LIN 数据总线上多少次。空调控制单元在 LIN 总线与 CAN 总线之间起"翻译"作用,它是 LIN 总线系统中唯一与 CAN 数据总线相连的控制单元,通过 LIN 主控制单元进行与之相连的 LIN 从控制单元的自诊断。

2. LIN 从控制单元

如图 6-13 所示,在 LIN 数据总线系统内,单个的控制单元(如新鲜空气鼓风机的)或传感器及执行组件(如水平传感器及防盗警报蜂鸣器)都可看作 LIN 从控制单元。传感器内有一个集成电子装置,该装置对测量值进行分析。数值是作为数字信号通过 LIN 总线传递的。

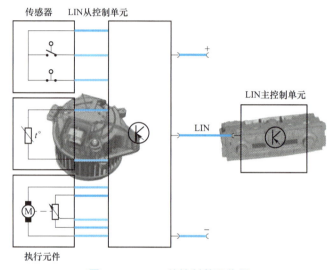

图 6-13 LIN 从控制单元作用

如图 6-14 所示,有些传感器和执行组件只使用 LIN 主控制单元插口上的一个针脚。LIN 执行组件都是智能型的电子(或机电)部件,这些部件通过 LIN 主控制单元的 LIN 数字信号接收任务。LIN 主控制单元通过集成的传感器来获知执行组件的实际状态,然后就可以对比规定状态和实际状态。只有当 LIN 主控制单元发送标题后,传感器和执行组件才做出反应。数据传递速率为 1~20 kbps,在 LIN 控制单元的软件内已经设定完毕,该速率最大能达到舒适 CAN 数据传递速率的 $\frac{1}{5}$。

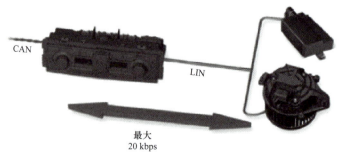

图 6-14 数据传递速率

3. 信号

1）隐性电平

隐性电平是和空闲电平相同的电平，因电压和空闲电平间无差距，所以称为隐性电平。如果无信息发送到 LIN 数据总线上或者发送到 LIN 数据总线上的是一个隐性位，那么数据总线导线上的电压就是蓄电池电压。

2）显性电平

显性电平是和空闲电平相反的电平，因电压差距大，所以称为显性电平。

如图 6-15 所示，为了将显性位传到 LIN 数据总线上，发送控制单元内的收发报机将数据总线导线接地。由于控制单元内的收发报机有不同的型号，所以表现出的显性电平是不一样的。

【完成任务】在图 6-15 所示的显性电平和隐性电平中，找到波形的 0 V 线和 12 V 线，并在图中用三角号标出。显性电平是高电平还是低电平：_____；代表数据 0 还是 1：_____。

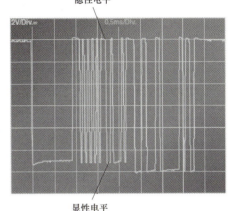

图 6-15　显性电平和隐性电平

4. 传递安全性

在收发隐性电平和显性电平时，通过预先设定公差值来保证数据传输的稳定性，如图 6-16、图 6-17 所示。

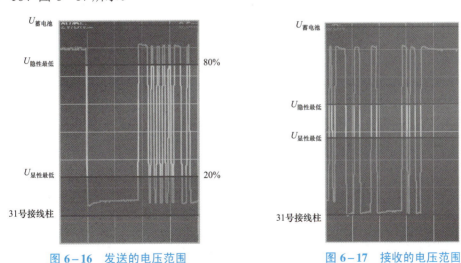

图 6-16　发送的电压范围　　　　图 6-17　接收的电压范围

为了在有干扰辐射的情况下仍能接收到有效信号，接收的允许电压值要稍高一些。

5. 信息

1）带有从控制单元回应的信息

LIN 主控制单元要求 LIN 从控制单元发送的信息标题内包含这样一些信息，如开关状态、测量值。该回应由 LIN 从控制单元发送。

2）带有主控制单元命令的信息

如图 6-18 所示，LIN 主控制单元通过信息标题内的标志符来要求 LIN 从控制单元使用包含在回应内的数据。该回应由 LIN 主控制单元发送。

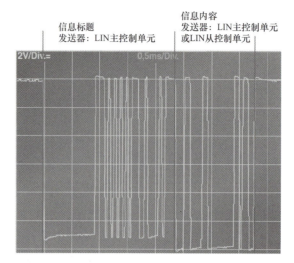

图 6-18　信息标题和信息内容

3）信息标题

信息标题由 LIN 主控制单元按周期发送。如图 6-19 所示，信息标题分为四部分：同步暂停区、同步分界区、同步区、识别区。

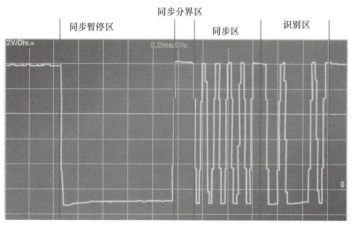

图 6-19　信息标题的结构

（1）同步暂停区的长度至少为 13 位（二进制），它以显性电平发送。这 13 位的长度是必需的，这样才能准确地通知所有 LIN 从控制单元有关信息的起始点的情况。其他信息是以最长为 9 位（二进制）的显性电平来一个接一个传递的。

（2）同步分界区至少为一位（二进制）长，且为隐性。

（3）同步区由二进制位序 0101010101 构成，所有 LIN 从控制单元都通过这个二进制位序来与 LIN 主控制单元进行匹配。所有控制单元同步对于保证正确的数据交换是非常必要的。如果失去了同步性，那么接收到的信息中的某一数位的值就会发生错误，该错误将导致数据传递错误。

（4）识别区的长度为 8 位（二进制），前 6 位是回应信息识别码和数据区的个数。回应数据区的个数在 0~8 之间。当出现识别码传递错误时,可通过校验来防止与错误的信息适配。

4) 信息内容(回应)

如图 6-20 所示,对于从控制单元回应的信息,LIN 从控制单元会根据识别码向这个回应提供信息。

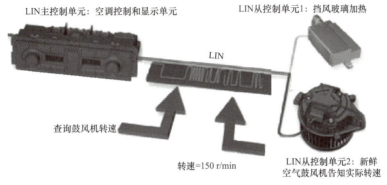

图 6-20　信息内容(回应)1

如图 6-21 所示,对于主控制单元带有数据请求的信息,LIN 主控制单元会提供回应。根据识别码的情况,相应的 LIN 从控制单元会使用这些数据去执行各种功能。

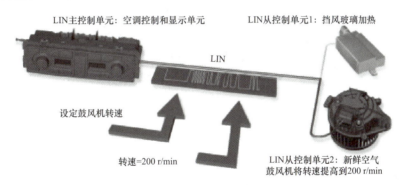

图 6-21　信息内容(回应)2

如图 6-22 所示,这个回应由 1~8 个数据区构成,每个数据区有 10 个二进制位,其中

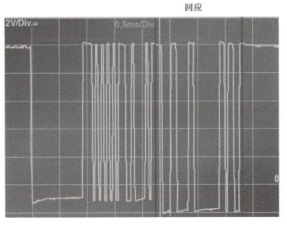

图 6-22　回应脉冲波形

有一个显性起始位、一个包含信息的字节和一个隐性停止位。起始位和停止位用于再同步，从而避免传递错误。

5）信息的顺序

如图6-23所示，LIN主控制单元的软件内已经设定了一个顺序，LIN主控制单元就按这个顺序将信息标题发送至LIN总线（如果是主信息，则发送的是回应）。常用的信息会多次传递。LIN主控制单元的环境条件有可能改变信息的顺序。环境条件示例：点火开关的接通、关闭；自诊断的已激活、未激活；停车灯的接通、关闭。

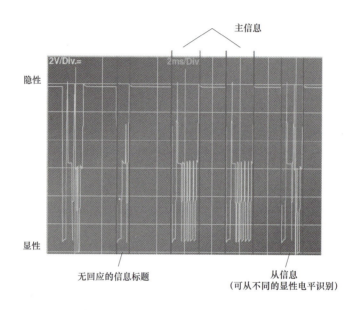

图6-23 信息的顺序

为了减少LIN主控制单元部件的种类，主控制单元将全装备车控制单元的信息标题发送到LIN总线上。如果没有安装专用设备控制单元，那么在示波器屏幕会出现没有回应的信息标题。

6. 防盗系统

如图6-24所示，只有当LIN主控制单元发送带有相应识别码的信息标题后，数据才会传至LIN总线。由于LIN主控制单元对所有信息进行全面监控，所以无法从车外对LIN总线进行直接控制（开门）。LIN从控制单元必须按主控制单元的要求进行传送和执行，这样才不会通过LIN总线打开车门。这种布置就使得在车外安装LIN从控制单元（如在前保险杠内的车库门开启控制单元）成为可能。

7. 自诊断

对LIN数据总线系统进行自诊断，需使用LIN主控制单元的地址码。自诊断数据经LIN总线，由LIN从控制单元传送至LIN主控制单元。在LIN从控制单元上，可以完成所有自诊断功能，其诊断如表6-2所示。

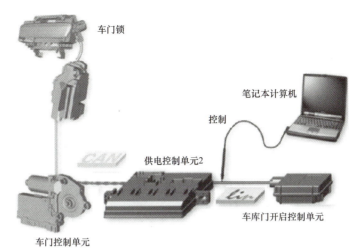

图 6-24 车库门开启控制单元

表 6-2 LIN 总线自诊断功能

故障位置	故障内容	故障原因
LIN 从控制单元（如鼓风机调节器）	无信号/无法通信	在 LIN 主控制单元内已规定的时间间隔内，LIN 从控制单元数据传递有故障。例如： ● 导线断路或短路； ● LIN 从控制单元供电有故障； ● LIN 从控制单元或 LIN 主控制单元型号错误； ● LIN 从控制单元损坏
	不可靠信号	（1）校验出错。 （2）传递的信息不完整。例如： ● LIN 导线受到电磁干扰； ● LIN 导线的电容和电阻值改变了（如插头壳体潮湿或脏污）； ● 软件故障（备件型号错误）

6.3 CAN 总线

6.3.1 CAN 总线简介

早在 1980 年，Bosch 公司的工程师就开始论证当时的串行总线用于客车系统的可行性。由于没有一种现成的网络方案能够完全满足汽车工程师们的要求，于是在 1983 年年初，Uwe Kiencke 开始研究一种新的串行总线。新的串行总线的主要方向是增加新功能、减少电气连接线，使其能够用于产品，而非用于驱动技术。

1986 年，由 Bosch 公司提出的 CAN（Controller Area Network，控制器域网）技术得到汽车开发商的青睐。CAN（图 6-25）基于非破坏性的仲裁机制，能够确保高优先级报文的无延迟传输，并且不需要在总线上设置主控制器。此外，CAN 技术在公布时，就已经实现了数种在 CAN 中的错误检测机制。该错误检测包括自动断开故障节点功能，以确保能继续进行剩余节点之间的通信。传输的报文并非一定根据报文发送器/接收器的节点地址来识别（几乎其他总线都是如此），而是根据报文的内容识别。同时，用于识别报文的标识符也规定了该报文在系统中的优先级。

网络控制单元数据交换

图 6-25　CAN 通信示意

早在 1990 年，Bosch CAN 规范 CAN 2.0 版提交给国际标准化组织。在经过数次讨论之后，应一些主要的法国汽车厂商要求，增加了"Vehicle Area Network（VAN）"内容，并于 1993 年 11 月发布了 CAN 的国际标准 ISO 11898。同时，在国际标准 ISO 11519-2 中也规定了 CAN 数据传输中的容错方法。1995 年，国际标准 ISO 11898 进行了扩展（CAN 2.0B），以附录形式说明了 29 位 CAN 标识符。

6.3.2　CAN 总线的端口工作原理

1. 低速 CAN

低速 CAN 总线的工作原理如图 6-26 所示。

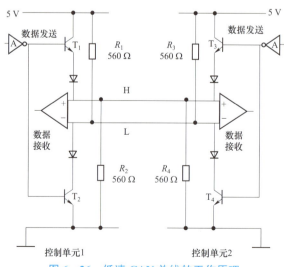

图 6-26　低速 CAN 总线的工作原理

控制单元 1 向控制单元 2 发送数据，数据 1、0 通过微控制器的引脚以高、低两种电压脉冲发出，经过起保护和增大带载功能的反向器（图 6-26 中的 A）将高、低两种脉冲转换为低、高两种脉冲并作用至开关管 T_1 和 T_2。

控制单元发出数据 1（高电平），经反向器后转换为 0，T_1 和 T_2 导通，经过电路计算，可得 CAN-H 线电压接近 5V，CAN-L 线电压接近 0 V，比较器的正向输入（+）大于反向输入（-）。因此，在控制单元 2 的比较器输出 1（高电平）。

控制单元发出数据 0（低电平），T_1 和 T_2 截止，经过电路计算，可得 CAN-H 线电压接近 0 V，CAN-L 线电压接近 5 V，比较器的反向输入（-）大于同向输入（+）。因此，在控制单元 2 的比较器输出 0（低电平）。

由此可知，当一根 CAN 总线为断线时，另一根仍能正常产生高低电压脉冲，经比较器，仍可以正确接收信息，这种情况称为总线的单线运行模式。

低速 CAN 的数据和脉冲对应关系如表 6-3 所示。

表 6-3 低速 CAN 的数据和脉冲对应关系

CAN		显性（0）	隐性（1）
低速 CAN	CAN-H/V	1	5
	CAN-L/V	4	0

大众迈腾 B7 低速 CAN 总线示波波形（A 通道 CAN-H，B 通道 CAN-L）如图 6-27 所示。

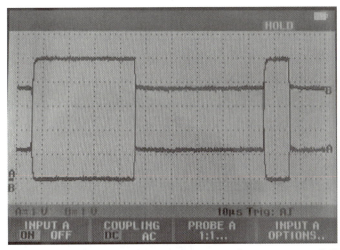

图 6-27 大众迈腾 B7 低速 CAN 总线示波波形（A 通道 CAN-H，B 通道 CAN-L）

2. 高速 CAN

高速 CAN 总线的工作原理如图 6-28 所示。

控制单元 1 向控制单元 2 发送数据，数据 1、0 通过微控制器的引脚以高、低两种电压脉冲发出，经过起保护和增大带载功能的反向器（图 6-28 中的 A）将高、低两种脉冲转换为低、高两种脉冲并作用至开关管 Q_1 和 Q_2。

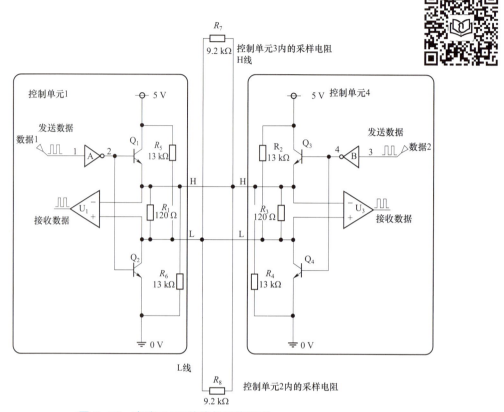

图 6-28 高速 CAN 总线的工作原理

当控制单元发出数据 1 时,Q_1 和 Q_2 的状态不导通,经过电路计算,可得 CAN-H 线电压为 2.5 V,CAN-L 线电压为 2.5 V。在接收侧的控制单元 2 内的 U_3 为反向比较器,比较后输出 1。

当控制单元发出数据 0 时,Q_1 和 Q_2 的状态会导通,经过电路计算,可得 CAN-H 线电压为 3.5 V,CAN-L 线电压为 1.5 V。在接收侧的控制单元 2 内的 U_3 为反向比较器,比较后输出 1。

3. 显性和隐性

高速 CAN 中数据为 0 时,CAN-H 和 CAN-L 之间有明显的电压差,3.5-1.5=2(V),两种波形易分辨,电压高的波形是 CAN-H,电压低的波形是 CAN-L,所以称为"显性"。数据为 1 时,CAN-H 和 CAN-L 之间的电压差不明显,2.5-2.5=0(V),两种波形几乎重合,很难分出谁是 CAN-H,谁是 CAN-L,所以称为"隐性"。

高速 CAN 的数据和脉冲对应关系如表 6-4 所示。

表 6-4 高速 CAN 的数据和脉冲对应关系

CAN		显性(0)	隐性(1)
高速 CAN	CAN-H	3.5 V	2.5 V
	CAN-L	1.5 V	2.5 V

大众迈腾 B7 高速 CAN 总线示波波形（A 通道 CAN-H，B 通道 CAN-L）如图 6-29 所示。

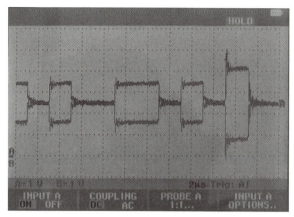

图 6-29　大众迈腾 B7 高速 CAN 总线示波波形（A 通道 CAN-H，B 通道 CAN-L）

6.3.3　网关

1. 网关功能

网关是网络系统中最重要的组件，其功能如下。

1）不同网段的信息交换

不同的网段可通过网关进行连接，从而实现不同网段间的信息交换。网段的信息速率既可以相同，也可以不同。

由于不同区域 CAN 总线的速率和识别代号不同，因此一个信号要从一个总线区域进入另一个总线区域，就必须改变其识别信号和速率，从而让另一个系统接受，这个任务由网关来完成。

【技师指导】例如，一个 500 kbps 的数据脉冲宽度为 2 μs，同一个脉冲在 125 kbps 的网络里最多识别为一个 1 或 0；反之，一个 125 kbps 的数据脉冲宽度为 8 μs，同一个脉冲在 500 kbps 的网络里会识别为 1111 或 0000。

2）改变信息的优先级

网关具有改变信息优先级的功能。例如，车辆发生相撞事故，气囊控制单元会发出负加速度传感器的信号，这个信号的优先级在驱动系统非常高；转到舒适系统后，网关就会调低它的优先级，因为它在舒适系统的功能只是打开门和灯。

3）降低网络的节点数，增加电控单元在网数量

没有网关时，全车的电控单元通信采用一套 CAN 总线时，网络的节点数（电控制单元数）会受到限制。当网络节点数较多时，可采用网关将一个节点数多的 CAN 网分为两个节点数少的 CAN 网，从而形成两个（或更多个）网段。

【技师指导】国产电动汽车网关既可集成在车辆控制单元（VCU）内部，也可集成在车身控制模块（BCM）内部，还有采用独立网关的。

一般汽车网关控制单元为车辆控制单元（VCU）。例如，吉利 EV300 纯电动汽车的网关在 VCU 中，如图 6-30 所示；吉利 EV450 纯电动汽车的网关则在 BCM 中，如图 6-31 所示。

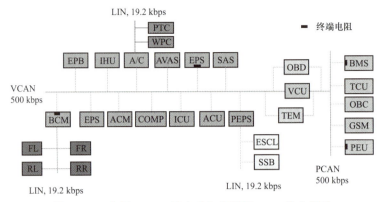

图 6-30 吉利 EV300 纯电动汽车采用 VCU 作为网关

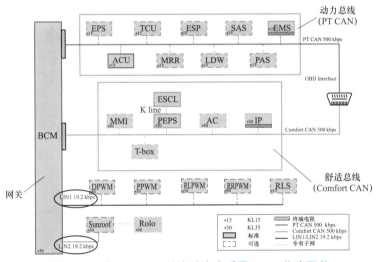

图 6-31 吉利 EV450 纯电动汽车采用 BCM 作为网关

2. 网段

以往的燃油汽车从降低网络成本和某些控制单元的数据信息刷新率低两个角度,通常一辆汽车的网络由三个网段组成,分别是动力系统、车身控制系统、音响娱乐系统。动力系统采用高速 CAN 通信,车身控制系统及音响娱乐系统采用低速 CAN 通信。这里的高速 CAN 通常指通信速率高于 125 kbps 的网络,如 250 kbps、500 kbps;低速 CAN 是指通信速率小于等于 125 kbps 的网络,如 125 kbps、64 kbps、50 kbps 等。

电动汽车是近几年(2015 年后)才进入大批量生产的,500 kbps 速率的 CAN 总线应用得最多(即全车 CAN 采用 500 kbps 通信速率),这时采用不同网段可避免一个网段承受过多的控制器。

6.3.4 CAN 总线电阻

1. 总线终端电阻的原则

1)终端电阻 120 Ω

终端电阻是指网络两端双绞线距离最远的两个控制单元内的电阻,这两个电阻起主要作用,终端电阻通常为 120 Ω。

2）端电阻大阻值

端电阻是指两端电阻之间的控制单元内部的电阻，在几千欧姆到几十千欧姆之间，对总线的总电阻起次要作用。通常，两个终端控制单元中有一个是网关。

3）总线总电阻 60 Ω 原则

如图 6-32 所示，控制单元 1、2、3、4 内部的硬件结构相同，这里若把控制单元 1 作为网关，控制单元 1 网关的终端电阻 R_1 为 120 Ω，则空间距离控制单元 1（网关）最远的控制单元 2 的终端电阻 R_3 也应为 120 Ω，因为总线电阻大小是有要求的，即一个网段所有控制单元终端电阻并联为 60 Ω，两个 120 Ω 的电阻并联后为 60 Ω，为了接入控制单元 3、4，控制单元 3、4 的终端电阻 R_7、R_8 就要大得多（如图 6-32 中的 9 200 Ω），以致不影响设计对于所有控制单元终端电阻并联为 60 Ω 的要求。其计算式为

$$\frac{1}{R_1}+\frac{1}{R_3}+\frac{1}{R_7}+\frac{1}{R_8}=\frac{1}{R} \tag{6-1}$$

式中，R 可近似得 60 Ω。事实上，电子设计不是绝对的。

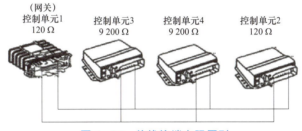

图 6-32 总线终端电阻原则

【完成任务】在如图 6-32 所示的 4 个控制单元中，为什么控制单元 3 和控制单元 4 的 CAN-H 或 CAN-L 线路断路只出现小问题，而控制单元 1 和控制单元 2 的 CAN-H 或 CAN-L 线路断路会出现大问题呢？

2. 终端电阻测量的意义

1）CAN 总线终端电阻的测量方法

断开电源等待至少 5 min，待 CAN 网络上的控制器内的电容元件放电完毕，测量动力总线的总电阻值约为 60 Ω（测量点既可选择在 OBD 接口上，也可断开一个非终端的控制器，从这个控制器的线束端测量），说明总线的两个远端终端控制器并没有从总线上脱开。

若测得总线总电阻值为 120 Ω，则说明有一个终端控制器从总线上脱开了，要将终端控制器恢复至 CAN 网络上。

【技师指导】有的汽车维修技师会拆下对应的控制单元，通过测量终端电阻的电阻值是否为 120 Ω 来判断是否为终端控制单元，进而判别网络的架构。

【完成任务】根据图 6-33，测量动力系统总线的总电阻；断开离网关最远的控制单

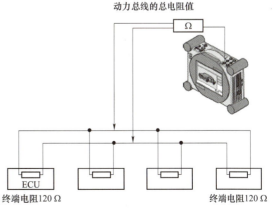

图 6-33 CAN 总线总电阻测量

元后,再测量总电阻。通常,终端电阻和端电阻在控制单元内部是不会损坏的,实际测量总电阻一般用于确认终端控制单元是否在总线上。

6.3.5 CAN 格式

CAN 协议的 2.0A 版本规定 CAN 控制器必须有一个 11 位的标志符。同时,在 CAN 协议的 2.0B 版本中规定,CAN 控制器的标志符长度可以是 11 位或 29 位。遵循 CAN 2.0B 协议的 CAN 控制器可以发送和接收 11 位标识符的标准格式报文或 29 位标识符的扩展格式报文。如果禁止 CAN 2.0B,则 CAN 控制器只能发送和接收 11 位标识符的标准格式报文,进而忽略扩展格式的报文结构,但不会出现错误。

1. 数据长度

CAN 2.0A 传递的信息最大长度为 108 位,其传递的每个完整信息由 7 个域构成,如图 6-34 所示。

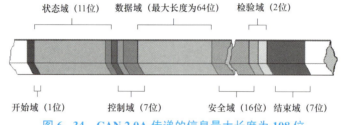

图 6-34 CAN 2.0A 传递的信息最大长度为 108 位

【技师指导】汽车培训资料举的例子一般是 CAN 2.0A 的,即 108 位数据,它可以通过测量总线的数据帧长度来判别。例如,在舒适总线中一帧的长度为 108×8 μs=864 μs,其可以通过示波器的光标测量尺测量出来。

如图 6-35 所示,CAN 2.0B 传递的状态域增加了 18 位,所以信息最大长度为 126 位。

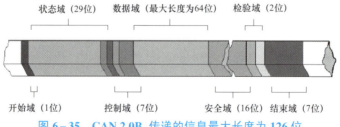

图 6-35 CAN 2.0B 传递的信息最大长度为 126 位

2. 信息结构

(1) 开始域:将要向 CAN 总线发送信息的标志,信息长度为 1 位,状态为显性。

(2) 状态域:包括信息标识符(CAN 2.0A 为 11 位或 CAN 2.0B 为 29 位),确定信息的优先权。

(3) 控制域:表示数据的大小即字节长度。

(4) 数据域:要传递的信息所对应的数据(最大长度为 64 位,即 8 字节)。

(5) 安全域:发射数据和接收信息的控制单元检查并比较传递信息所发生的变化(检测

传递数据中的错误)。

(6) 检验域：每个控制单元，通过这两位被确认已经正确接受信息，否则将重发数据。

(7) 结束域：通过 7 位隐性显示，表示该信息数据传递结束。这里是显示错误并重新发送数据的最后一次机会。

3. 优先权判定

CAN 采用非破坏总线仲裁技术。当多个节点同时向总线发送信息出现冲突时，优先级低的节点会主动退出发送，而优先级最高的节点可不受影响地继续传输数据，从而大大节省总线冲突仲裁时间，即使在网络负载很重的情况下，也不会出现网络瘫痪的情况。

所有控制单元同时向 CAN 总线双绞线上发射信息时，为了避免数据碰撞，在 11 位的状态域中预先定义数据的优先权，显性电位（数据 0）越多，则说明其优先权级别越高。发射隐性电位的控制单元，若检测到一个显性电压（CAN-H 为 3.5 V，CAN-L 为 1.5 V），那么该控制单元停止发射，转为接收。

如图 6-36 所示，优先权为三位二进制数，ABS/ESP 的优先权为 001（第 1 列不算），发动机 ECU 的优先权为 01×（×是 0 或 1 都不影响），AG 4/5 为四挡或五挡变速器的优先权为 1××。其中，ABS/ESP 的优先权数值最小（表 6-5），因此在总线竞争获胜，得以继续发送。但是，这种竞争是浪费时间的。

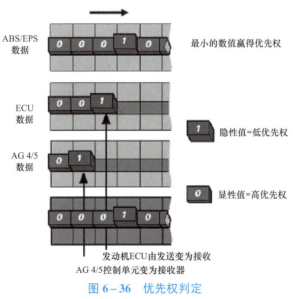

图 6-36 优先权判定

表 6-5 优先权判定

优先权	控制单元
001（优先级为 1）	制动防抱死控制单元（ABS/EPS）
01×（优先级为 2）	发动机 ECU 控制单元
1××（优先级为 3）	AG 4/5 自变速器控制单元

4. 传输距离

在 CAN 总线中，以报文为单位进行信息传递且各节点使用相同的位速率。CAN 总线上任意两个节点之间的最大通信距离与位速率有关，表 6-6 列出了相关的数据。这里的最大通信距离是指同一总线上两个节点间的距离。在控制上要想提高 CAN 总线速度，对控制微控制器的 CAN 时钟寄存器进行设定即可，但过长的传输距离会影响可靠性。

表 6-6 CAN 总线上任意两个节点之间的最大通信距离

位速率/kbps	1 000	500	250	125	100	50	20	10	5
最大通信距离/m	40	130	270	530	620	1 300	3 300	6 700	10 000

6.3.6 CAN 总线诊断与检修

1. CAN 总线自诊断

1）与 CAN 总线系统相关的 ECU 工作状态描述

连接在 CAN 总线上的 ECU 的工作状态很大程度上决定了 CAN 总线的使用情况，并且 ECU 工作状态之间的切换涉及信息列表中各信息的优先级设置、总线的唤醒策略、故障排除与自修复等问题。在该系统中，ECU 的工作状态分为上电诊断状态、正常工作状态、休眠状态、总线关闭状态、掉电状态、调试及编程状态。

（1）上电诊断状态。ECU 上电后，应有一个初始化过程。在完成本模块的初始化后，发送网络初始化信息，同时监听其他节点的网络初始化信息。通过网络初始化信息的交换，ECU 判断整个网络是否完成初始化过程，能否进入正常工作状态。

（2）正常工作状态。在正常工作状态下，ECU 之间通过 CAN 总线进行通信，以实现传感器测量数据的共享、控制指令的发送和接收等。当休眠条件满足时，ECU 从正常工作状态转入休眠状态；当 CAN 模块故障计数器的计数值为 255 时，ECU 从正常工作状态转入总线关闭状态。

（3）休眠状态。休眠状态下，ECU 及其模块处于低功耗模式。一旦接收到本地唤醒信号（本地触发信号）或远程唤醒信号（CAN 总线激活信号），就从休眠状态转入正常工作状态，其间需要使用网络初始化信息。

（4）总线关闭状态。处于总线关闭状态的 ECU 延迟一段时间后，复位 CAN 模块，然后重新建立与 CAN 总线的连接。若连续几次都无法正常通信，则 ECU 尝试将通信转移到备用总线上。若转移成功，则发送主总线故障信息。

（5）掉电状态。关闭电源时，ECU 所处的状态为掉电状态。

（6）调试及编程状态。调试及编程状态用于调试及系统软件升级。

2）CAN 双线式总线系统的检测方法

在检查数据总线系统前，需保证所有与数据总线相连的控制单元均无功能故障。功能故障是指不会直接影响数据总线系统，但会影响某一系统的功能流程的故障。例如，传感器损坏，其结果就是传感器信号不能通过数据总线传递，这种故障会影响需要该传感器信号的控制单元的通信，对数据总线系统有间接影响。如果存在功能故障，应先排除该故障，记录下该故障并消除所有控制单元的故障代码。

排除所有功能故障后，如果控制单元间的数据传递仍不正常，则应检查数据总线系统。检查数据总线系统故障时，需区分采用以下两种可能的方法。

（1）两个控制单元组成的双线式数据总线系统的检测。检测时，关闭点火开关，断开两个控制单元（图6-37），检查数据总线是否断路、短路或对正极/搭铁短路。如果数据总线无故障，就拆下较易更换（或较便宜）的一个控制单元试一下；如果数据总线系统仍不能正常工作，则更换另一个控制单元。

（2）三个以上控制单元组成的双线式数据总线系统的检测。检测时，先读出控制单元内的故障代码。如果控制单元1与控制单元2、控制单元3之间无法通信（图6-38），则关闭点火开关，断开与总线相连的控制单元，检查数据总线是否断路。如果总线无故障，则更换控制单元1。如果所有控制单元均不能发送和接收信号（故障存储器存储"硬件故障"），则关闭点火开关，断开与数据总线相连的控制单元，检测数据总线是否短路，是否对正极/搭铁短路。

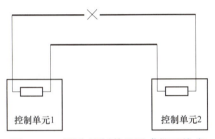

图6-37 两个控制单元组成的双线式数据总线系统的检测

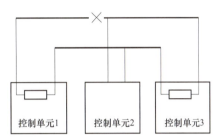

图6-38 三个以上控制单元组成的双线式数据总线系统的检测

如果从数据总线上查不出引起硬件损坏的原因，则检查是否由某一控制单元引起的故障。断开所有通过CAN数据总线传递数据的控制单元，关闭点火开关，接上其中一个控制单元（早期还可连接VAG 1551或VAG 1552（T_{16}中有K线才可用），现在要用VAS5051或更新的诊断仪），打开点火开关，清除刚接上的控制单元的故障代码。用诊断仪的结束功能06来结束输出，关闭并再打开点火开关。打开点火开关10 s后，用故障诊断仪读出刚接上的控制单元故障存储器内的内容。如果显示"硬件损坏"，则更换刚接上的控制单元；如果未显示"硬件损坏"，则需接上下一个控制单元，重复上述过程。连接蓄电池接线柱后，输入收音机防盗密码，进行玻璃升降器单触功能的基本设定及时钟的调整。对于使用汽油发动机的汽车，还应进行节气门控制单元的自适应。

2. 总线睡眠和唤醒

1）总线睡眠

睡眠模式仅存在于舒适总线和信息总线。在车辆落锁35 s后，或不锁车但没有任何操作10 min后，则进入睡眠模式。睡眠模式高线电压为0 V，低线电压为12 V。睡眠模式电流为6~8 mA（非睡眠模式电流为700 mA）。

【技师指导】认为蓄电池有异常的漏电故障时，应在总线睡眠以后进行电测量，即在示波器显示的波形进入休眠状态后，读取蓄电池放电电流的数值。

2）总线激活

控制单元15号线断电后的总线维持激活功能：控制单元外部的15号线供电后，激活总线控制器开始工作，但15号线断电后，并不直接控制控制器停止工作。因为在15号线断电关闭后，有些控制单元仍然需要交换信息，所以设计上在控制单元内部用30号线常电继续激活"控制单元内部"的15号线（也称虚15号线），以保证断电后信息能正常传递。再激活功能的时间为10 s～15 min（即点火开关关闭后各控制器之间再通信的时间）。

3）睡眠和唤醒模式的监控

当舒适和信息娱乐总线处于空闲状态时，控制单元发出睡眠命令；当网关监控到所有总线都有睡眠的要求时，进入睡眠模式。此时，CAN-H为0 V，CAN-L为12 V。如果动力总线仍处于信息传递过程中，则舒适和娱乐信息总线不被允许进入睡眠状态；当舒适总线处于信息传递的过程中时，娱乐和信息总线也不能进入睡眠模式。当某一个信息激活相应的总线后，控制单元会激活其他总线系统。

6.3.7 CAN总线示波的诊断

1. 波形特征

将点火开关置于OFF一定时间后，CAN总线进入"空闲"状态，各控制单元发射隐性信号。高速CAN隐性电位为CAN-H=2.5 V、CAN-L=2.5 V。低速CAN隐形电位为CAN-H=0 V、CAN-L=5 V。锁车一定时间后，系统进入"休眠"，波形显示12V幅值。

2. 正常动力CAN总线信号

【技师指导】一定要亲自测量正常的CAN总线的波形，因为控制单元虽能诊断出CAN故障，但具体是什么原因和具体故障位置查找要靠波形分析。例如，一边找故障点，一边看波形是否有反应，有反应的点很可能就是故障点。正常动力CAN总线信号如图6-39所示。

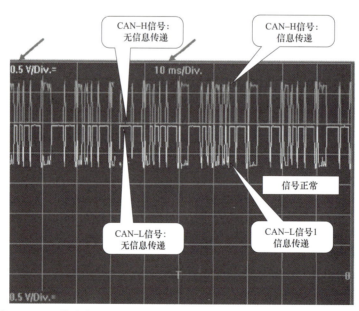

图6-39 正常动力CAN总线波形（幅值为0.5 V/格，时基为10 ms/格）

3. CAN 总线的维修

维修 CAN 总线必须使用大众专用工具 VAS 1978；CAN 专用维修线备件号为 000979987，线长为 10 m，颜色为绿/黄、白/黄，线径为 0.35 mm^2，标准缠绕长度为 20 mm。图 6-40 所示为维修 CAN 总线。

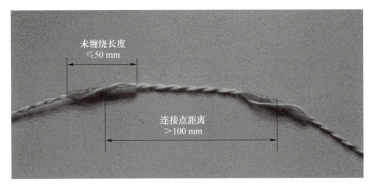

图 6-40 维修 CAN 总线

6.4 汽车 FlexRay 总线

6.4.1 FlexRay 总线原理

现在大多数汽车中的控制器件、传感器和执行器之间的数据交换，主要是通过 CAN 网络进行的。然而，新的 x-by-wire 系统设计思想的出现，导致车辆系统对信息传送速度（尤其是故障容错与时间确定性）的要求不断增加。FlexRay 通过在确定的时间槽中传递信息，以及在两个通道上的故障容错和冗余信息的传送，满足了这些新增加的要求。

1. FlexRay 和 CAN 的区别

（1）波特率：CAN 总线速率最高为 1 Mbps；FlexRay 总线速率最高为 10 Mbps，也可以在 2.5 Mbps 或 5 Mbps 的低数据率下工作。

（2）一个节点的通道数量：CAN 只有 1 个通道（一条双绞线）；FlexRay 为 2 个通道（两对双绞线）或 1 个通道（一条双绞线），实际上一个通道现在就够用，优选一个通道。

（3）网络技术：CAN 为被动型，若有控制单元有故障，将影响其他单元运行；FlexRay 为主动型，故障控制单元一旦发现故障将主动退出，不再上线，不影响其他单元运行。

（4）最多节点：CAN 为总线型或星型，500 kbps 时最多可有 16 个节点；FlexRay 总线型可有 22 个节点，而采用星型或混合型时最多可有 64 个节点。

（5）物理层：CAN 仅能为金属双绞线；FlexRay 则可为金属双绞线或 POF（光纤）。

（6）通信：CAN 为事件触发，只有需要时才访问总线。访问总线所需的时间与是否满载有关；到达时间不知；所用的网络可能过载。FlexRay 为时间触发加上事件触发。访问网络的时刻是固定的，每次访问网络的时间也是固定的，即到达时间已知；备有带宽，无须用到。具备的冗余通信能力可实现通过硬件完全复制网络配置，并进行进度监测。

（7）ID 位：CAN 的标识符为 11 位或 29 位；FlexRay 的为 11 位。

（8）数据长度数（DLC）：CAN 数据区最多为 8 字节，数据来自同一个控制单元；FlexRay 的为 256 字节，数据来自不同的控制单元。

（9）帧：CAN 有数据帧、远程帧、错误帧、过载帧，网络故障可通过错误帧识别出来。FlexRay 只有数据帧，每个接收器自行检查收到的帧是否正确（如 CRC 检查），但有些帧是有缺陷的，这是 FlexRay 的不足之处。

（10）网络管理：CAN 为软件管理；FlexRay 通过 BG 总线监控器、BD 总线驱动器硬件管理。

（11）网络同步：CAN 只有同步段；FlexRay 可以进行速度和偏移量补偿。

（12）允许传输距离：CAN 在 1 Mbps 时为 40 m；FlexRay 在一个星型或两个星型之间为 22 m。

（13）仲裁判优：CAN 优先级高的信息将优先级低的信息"覆盖"；FlexRay 没有仲裁，若两个控制单元同时发送，将造成通信故障，但这种情况只在有故障时才出现。

（14）在确认方面：CAN 接收器要确认接收到一个有效的帧；FlexRay 无确认，接收器接收不到帧是否正确的信息。

（15）两线名称：CAN 总线中称两线为 CAN – H 和 CAN – L；FlexRay 数据传输线为双绞线 BP（Bus Plus，总线正）、BM（Bus Minus，总线负）。

【完成任务】BP 相当于 CAN 的什么线？BM 相当于 CAN 的什么线？

2. 静态段和动态段

FlexRay 符合 TDMA（Time Division Multiple Access，时分多址）原则，部件和信息都被分配了确定的时间槽，在这期间它们可以唯一地访问总线。时间槽是经固定周期而重复的。信息在总线上的时间是可以完全预测出来的，因而对总线的访问是确定性的。

采用为部件和信息分配时间槽的方法来固定地分配总线带宽，其不利因素是导致总线带宽没有被完全利用。出于解决总线带宽没有被完全利用的考虑，FlexRay 把周期分成静态段和动态段，确定的时间槽适宜位于信息开始的静态段。在动态段，时间槽是动态分配的。每种情况下都只有一小段时间允许唯一的总线访问（这段时间称为微时隙），如果在微时隙出现了总线访问，时间槽就按照需要的时间来扩展。因此，总线带宽是动态可变的。

3. FlexRay 的工作原理

为了实现功能的同步和通过两条信息间的短距离来优化带宽，该通信网络中的分布组件都要有一个共同的时基（即全局时间）。为了时钟同步，同步信息是在周期的静态段开始传输的。通过增添一个特殊的算法，部件的本地时钟被修正为所有本地时钟都和全局时钟同步。

【技师指导】举例说明 FlexRay 工作原理。

在一个铁路交通发达的小镇里，共有 16 家工厂，其中 3 家工厂有可作为列车站时钟基准的标准钟表。每天用哪家工厂的标准钟表作为时钟基准，得看哪块钟表在早上最先上电工作。其余 13 家工厂中，每家只有一个可和标准时钟对时的钟表，小镇上有一个最多可挂 256 节车厢的货车，该货车为这 16 家工厂供货，每家工厂有 10 节车厢，且这些车厢就放在相对应的工厂里（这 10 家工厂完全占用了 160 节车厢），比如第 1 家工厂占用前 10 节，第 2 家工厂占用接下来的 10 节，依次类推，每家工厂都知道自己占用哪 10 节车厢。每家工厂运送固定的不同种类的 16 种货物，每种货物占用一节车厢，每次装车时，对应的不同节车厢总是对应其规定好的货物，以便下车时能准时、准位置卸货。当这 16 家工厂中有 6 家想运输新种类的货物时，就得先向列车站预定，列车站也要把增加的挂车分配到相应的工厂里，比如其中 6 家每家增加 10 节挂车车厢，列车站同时告诉挂车的排序。在这个例子中，160 节车厢为静态段，后面的 60 节车厢为动态段。这样，实际有用的车厢为 220 节，还有 36 节车厢空余待用，但它每次必须拖带这 36 节空车厢。

列车站控制首先要求各家工厂和它具有相同显示的钟表，各家工厂对好钟表后，规定车厢的顺序是挨家将装好货物的车厢开到轨道上。这里第 1 家工厂将装好货物的 10 节车厢推到轨道上，在轨道上运行的时间是固定的（如用时 10 min），货物全部送达后，这 10 节车厢从轨道上消失。轨道暂时空闲 1 min，第 2 家工厂把 10 节车厢按顺序送于轨道上，也用时 10 min，该列车的第 2 个 10 节车厢消失，轨道再空闲 1 min。依次类推，直至挂车也消失。然后，列车站再次要求各家工厂和它对钟表，准备再次发送。这个对钟表的过程在挂车全部发完，且轨道上再无车厢时以后的空闲时间内完成。

在这 16 家工厂里，各家工厂都知道什么时间去卸货，也知道去哪个站台卸货，这是由于指定车厢装的东西是已知的。

在这个例子中，小镇是汽车，16 家工厂是汽车上 FlexRay 网络上的 16 个控制单元，货物是信息，车厢是控制单元的 FlexRay 芯片内的存储器，车厢推上轨道的过程是改变总线脉冲电压高低的过程，卸货是接收端测量电压脉冲差的过程。

轨道上休息 1 min 称为时隙，前 10 家工厂之间的时隙称为静态时隙，后几家工厂的车厢发送总时间称为动态段，这是因为不同工厂分配的车厢数量不同。所以动态段被分为一个个微时隙，两个微时隙间允许一家工厂发送。

从第一个控制单元至最后一个控制单元发送完成，是一个通信周期完成，准备完成下一个周期。FlexRay 网络的通信周期在几毫秒到十几毫秒，不同的车型是不同的，但运行时通信周期是恒定不变的，数据传输是基于周期往复的流程。

4. 主动型网络

FlexRay 是主动型网络，一旦控制单元有故障，则有故障控制单元可退出上网，从而保证其余网络控制单元的网络工作正常。

5. FlexRay 的网络节点的结构

FlexRay 的网络节点由主处理器、FlexRay 通信控制器、总线监控器（可选）、总线驱动器组成。主处理器提供和产生数据，并通过 FlexRay 通信控制器传送出去。总线驱动器连接 FlexRay 通信控制器和总线，或连接总线监控器和总线。主处理器把 FlexRay 通信控制器分配的时间槽通知给总线监控器，然后总线监控器允许 FlexRay 通信控制器在这些时间槽中传输数据。数据可以在任何时候被接收。

6.4.2　FlexRay 总线检修

1. FlexRay 总线终端电阻原则

终端电阻是网络两端双绞线距离最远的两个控制单元内的电阻，这两个电阻起主要作用,两者之间的控制单元内电阻为几千欧,对总线的总电阻起次要作用,这个控制单元称为高阻控制单元。通常,在两个终端控制单元中必有一个是网关控制单元。FlexRay 总线电阻如图 6-41 所示。

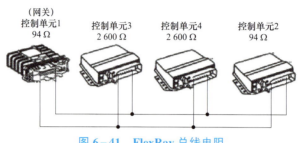

图 6-41　FlexRay 总线电阻

在图 6-41 中,控制单元 2、3、4 内部有与控制单元 1 相同的硬件结构,若把控制单元 1 作为网关,由于控制单元 1 网关的终端电阻 R_1 为 94 Ω,则空间距离网关控制单元 1 最远的控制单元 2 的终端电阻 R_2 也应为 94 Ω,因为总线电阻大小是有要求的,即一个网段所有控制单元电阻并联为 47 Ω,两个终端电阻 94 Ω并联后为 47 Ω,为了接入控制单元 3 和控制单元 4,控制单元 3 和控制单元 4 的终端电阻 R_3 和 R_4 就要大得多,均为 2 600 Ω,以致不影响设计对于所有控制单元终端电阻并联为 47 Ω的要求。其计算式为

$$\frac{1}{R_1}+\frac{1}{R_2}+\frac{1}{R_3}+\frac{1}{R_4}=\frac{1}{R} \tag{6-2}$$

式中,R 可近似得 47 Ω。

【完成任务】在四个控制单元中,为什么控制单元 3 和控制单元 4 的 BP 或 BM 线路断路只出现小问题,而控制单元 1 和控制单元 2 的 BP 或 BM 线路断路会出现大问题呢?

2. FlexRay 总线终端电阻测量

断开电源等待至少 5 min,拆下相对应的控制单元,测量终端电阻的阻值为 94 Ω,高阻控制单元应在 2 600 Ω,测量网络的总电阻值应在 47 Ω。图 6-42 所示为 FlexRay 网络终端电阻测量。奥迪 C7 的 FlexRay 总线如图 6-43 所示。

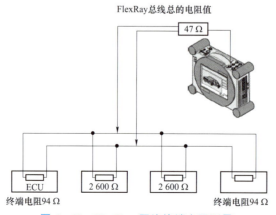

图 6-42　FlexRay 网络终端电阻测量

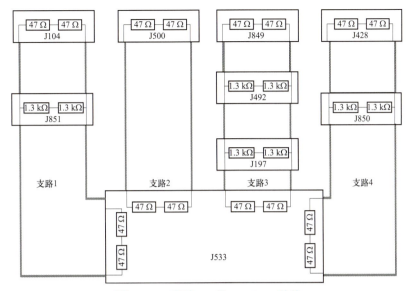

图 6-43 奥迪 C7 的 FlexRay 总线

3. FlexRay 总线的唤醒方法

30 号线常供电,正常时由点火开关 15 号线唤醒。唤醒后需要一定时间用于其他控制单元同步。在例子中,3 家有标准时钟的工厂就是 FlexRay 总线网络中能同步的 3 个控制单元,其他 13 家是不能同步的控制单元。能同步的 3 个控制单元可以分别自己起动网络,其他 13 个控制单元是不能起动网络的。在汽车上起动网络的控制单元一般为网关、ESP、SGR 三个控制单元。虽然这 13 个控制单元不能起动网络,但需要在其中选出一个同步控制单元,通常选择助力转向控制单元做同步控制单元。

工作过程:首先,三个同步控制单元中最先上电快速工作的控制单元起动网络;然后,其他两个控制单元尝试与起动网络的控制单元进行数据同步;最后,其他 13 个单元与起动网络的控制单元进行数据流同步。

4. FlexRay 总线脉冲

图 6-44 所示为 FlexRay 总线脉冲,BP 为总线正,BM 为总线负。

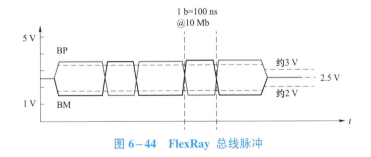

图 6-44 FlexRay 总线脉冲

空闲:BP 和 BM 都取 2~3 V 之间的同一个值,即两线电压差(BP-BM)为 0 V;
数据 1:两线电压差(BP-BM)为正的 400~600 mV。
数据 0:两线电压差(BP-BM)为负的 400~600 mV。

5. FlexRay 总线示波诊断

如图 6-45 所示，FlexRay 总线工作频率在 10 Mbps，1 b=100 ns，目前厂家诊断仪远不能满足示波功能，所以要用工业级示波器（如美国 FLUKE 的总线示波表），也可用电子示波器。

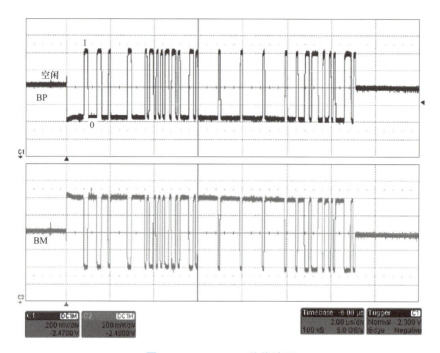

图 6-45 FlexRay 总线波形

6. FlexRay 总线的维修

BP 线和 BM 线的长度不能相差超过 10 mm，否则将导致 BP 和 BM 的波形不完全对称，这种不对称是线中信号延迟造成的。修理时，应参考图 6-46 所示的 FlexRay 电缆修理标准。

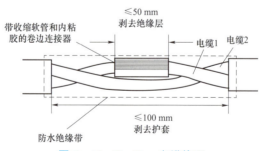

图 6-46 FlexRay 电缆修理

使用横截面面积为 0.35 mm^2 的双芯护套电缆 1 和电缆 2 作为 FlexRay 电缆。维修时，电缆的两根芯的长度必须完全吻合。如果要绞合电缆 1 和电缆 2，则必须满足绞距 30 mm。如果导线未绞合，则线段不得大于 50 mm。剥除护套的电缆长度最长为 100 mm。维修位置需用适当措施排除环境影响。这里需要将一个带有收缩软管和内粘胶的卷边连接器放到未扭转的维修位置上，并将一根防水绝缘带缠绕在剥去外皮的电缆上。

6.5 汽车 MOST 总线技术

6.5.1 MOST 总线应用

MOST（Media Oriented Systems Transport，面向媒体的系统传输）是一种用于多媒体数据传送的网络系统，该系统将符合地址的信息传送到某一接收器上，这与 CAN 总线是不同的。

MOST 用光纤传输代替金属导线传输，用光信号代替电流信号。由于采用的是塑料光纤，所以成本很低；使用光纤可以加大信息传输量，且未来的传输提升潜力也较高；由于没有接地回路，因此传输信号不受电磁干扰。在奥迪车上，该技术用于 Infotainment 系统的数据传递，如图 6-47 所示。Infotainment 系统能提供很多信息及娱乐多媒体服务（Information and Entertainment）。

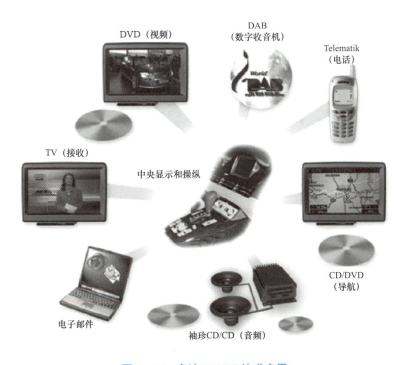

图 6-47 奥迪 MOST 技术应用

这种光纤数据传输对于实现 Infotainment 系统的所有功能具有重要意义，因为以前所使用的 CAN 总线系统的传输速度不够快，无法满足相应的数据量的传送。如图 6-48 所示，视频和音频所要求的数据传输速率达数 Mbps，仅仅是带有立体声的数字式电视信号就需要约 6 Mbps 的传输速率。MOST 总线的传输速率可达 21.2 Mbps。

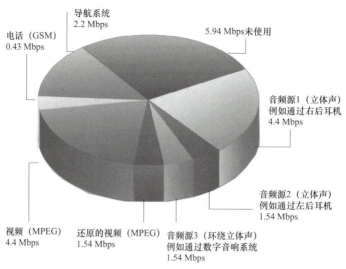

图 6-48 多媒体的传输速率

如图 6-49 所示，以前的视频和音频信号都只能作为模拟信号传送，这就使得线束的用量很大。CAN 总线系统的最大传输速率为 1 Mbps，因此 CAN 总线只能用来传递控制信号，不能用于传输数据。

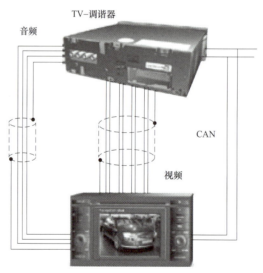

图 6-49 视频和音频信号以模拟信号方式传送

如图 6-50 所示，在 MOST 总线中，相关部件之间的数据交换是以数字方式进行的。通过光波进行数据传递有导线少、质量轻的优点，且传输速率快得多。与无线电波相比，光波的波长更短，因此它不会产生电磁干扰，且对电磁干扰不敏感。这些特点就决定了其传输速率很高且抗干扰性很强。

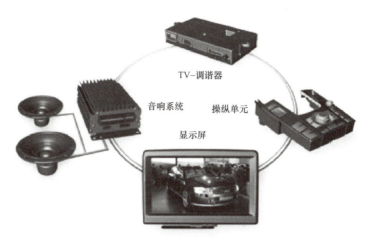

图 6-50 MOST 总线拓扑

6.5.2 MOST 总线控制单元部件

图 6-51 所示为 MOST 总线控制单元部件。光信号通过光纤插头进入控制单元，或产生的光信号通过该开关传往下一个总线用户；电气插头可用于供电、环断裂自诊断以及输入/输出信号，由电气插头送入的电再由内部供电装置分送到各个部件。这样就可单独关闭控制单元内的某一部件，从而降低静态电流。

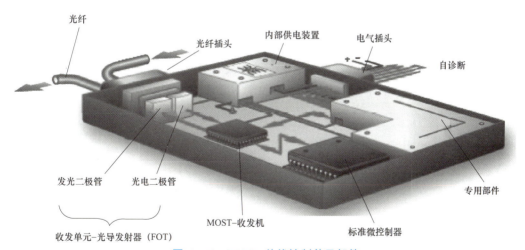

图 6-51 MOST 总线控制单元部件

收发单元-光导发射器（FOT）：如图 6-52 所示，该装置由一个光电二极管和一个发光二极管构成。到达的光信号由光电二极管转换成电压信号后传送至 MOST-收发机。发光二极管的作用是把 MOST-收发机的电压信号转换成光信号，产生的光波波长为 650 nm，是可见红光。数据经光波调制后传送。调制后的光波经光纤传到下一个控制单元。

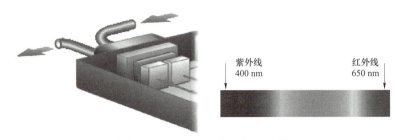

图 6-52 MOST-收发机和波长

MOST-收发机：该装置由发射机、接收机两个部件组成。发射机将要发送的信息作为电压信号传送至光导发射器；接收机接收来自光导发射器的电压信号，并将所需的数据传送至控制单元内的标准微控制器（MCU）。

标准微控制器（MCU）：该装置是控制单元的核心组件，它的内部有一个微处理器，用于操纵控制单元的所有基本功能。

专用部件：该装置用于控制某些专用功能，如CD播放机、收音机调谐器。

光电二极管的作用是将光信号转换成电压信号，如图 6-53 所示。光电二极管内有一个 PN 结，光可以照射到这个 PN 结上。由于 P 型层很厚，绝缘层只能刚刚够达到 N 型层。在 P 型层上有一个触点——正极。N 型层与金属底板（负极）接触。

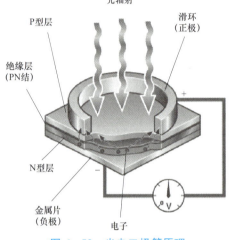

图 6-53 光电二极管原理

如图 6-54 所示，如果光（或红外线辐射）照到 PN 结上，就会产生自由电子和空穴，从而形成穿越 PN 结的电流。也就是说，作用到光电二极管上的光越强，流过光电二极管的电流就越大。这个过程称为光电效应。光电二极管反向与一个电阻串联。如果随着照射光强度增大，流过光电二极管的电流增大，那么电阻上的压降也就增大了，于是光信号就被转换成了电压信号。

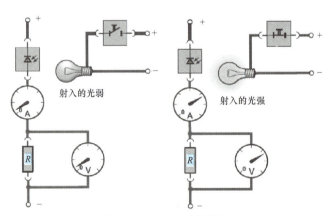

图 6-54 光电耦合原理

【完成任务】图 6-54 中的光电二极管是正向使用的还是反向使用的？

6.5.3 光纤

光纤的任务是将在某一控制单元发射器内产生的光波传送到另一控制单元的接收器。

在开发光纤时,需考虑以下内容:光波是直线传播的,光波在弯曲的光纤内以全反射、直线再全反射、直线的形式传播,如图6-55所示;发射器与接收器之间的距离可以达到数米远;机械应力作用(如振动、安装等)不应损坏光纤;在车内温度剧烈变化时,应能保证光纤的功能。因此,为了传送光信号,光纤应该具有下述特点:光波在光纤中传送时的衰减应小;光波应能通过弯曲的光纤来传送;光纤应是柔性的;在-40~85℃的温度范围内,光纤应能保证功能。

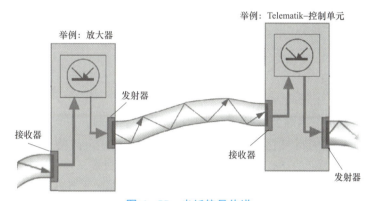

图6-55 光纤信号传递

光纤的结构如图6-56所示。光纤由纤芯、反射涂层、黑色包层、彩色包层构成。纤芯是光纤的核心部分,是用有机玻璃制成的,是光导线。纤芯内的光根据全反射原理几乎无损失地传导。透光的涂层是由氟聚合物制成的,它包在纤芯周围,对全反射起关键作用。黑色包层由尼龙制成,用于防止外部光照射。彩色包层起到识别、保护及隔温作用。

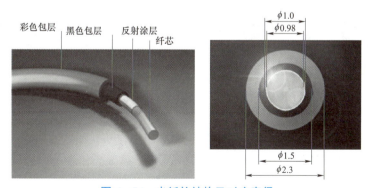

图6-56 光纤的结构及对应直径

全反射：当一束光以小角度照射到折射率高的材料与折射率低的材料之间的界面时，光束会被完全反射，这就叫作全反射。光波在光纤中的传送分为光纤走直和弯曲两种情况。如图 6-57（a）所示，在直的光纤中，光纤将一部分光波沿直线传送。绝大部分光波按全反射原理在纤芯表面以"之"字形曲线传送。对于半径＞25 mm 的弯光纤，光波通过全反射在纤芯的涂层界面上反射，也可以弯曲传送，如图 6-57（b）所示。

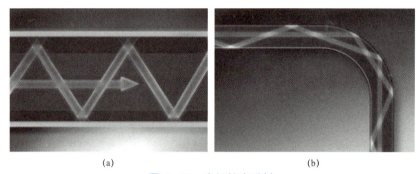

图 6-57 光纤的全反射
（a）直线光纤的全反射；(b) 弯曲光纤的全反射

光纤中的纤芯是折射率高的材料，涂层是折射率低的材料，所以全反射发生在纤芯的内部。这个效应取决于从内部照射到界面的光波角度，如果该角度过陡，那么光波会离开纤芯，从而造成较大损失，如图 6-58 所示。当光纤弯曲或弯折过度（半径＜25 mm）时，就会出现这种情况。为了使传输过程中的损失尽量小，光纤的端面应平齐（图 6-59），因此需使用一种专用的环形切削工具。切削面上的污垢和刮痕会加大传送损失（衰减）。

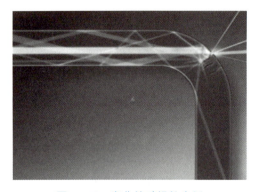

图 6-58 弯曲处破损的光纤
（光的传递出现反射和折射）

图 6-59 光纤端面应平齐
（本图所示不平齐）

为了将光纤连接到控制单元上，需使用一种专用插接头，如图 6-60 所示。插塞连接上有一个信号方向箭头，表示输入方向（通向接收器）。插头壳体就是与控制单元的连接处。光通过纤芯的端面传送至控制单元的发射器/接收器。在生产光纤时，为了将光纤固定在插头壳体内，使用了激光焊接的塑料端套或黄铜端套。

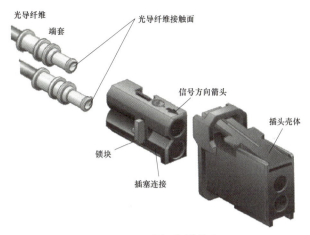

图 6-60 光纤和插接头

【完成任务】组织一次光纤实习,用光纤外皮环形切削工具和光纤切割工具切出光纤断面平齐的光纤,并用专用工具按图 6-60 所示套上端套,再插入插塞和插头壳体。

6.5.4 MOST 总线自诊断原理

MOST 总线采用环形结构,因此当环路出现光传导故障(环路的控制单元间的光发送和接收故障)以及控制单元故障时,有自诊断功能。

如图 6-61 所示,MOST 环形总线由网关、TV 调谐器、收音机、音源 1、音源 2 和功放 6 个控制单元组成,在音源 1 和音源 2 之间出现光传导通路变窄故障。对此故障的诊断中,首先应确定网关工作正常、各控制单元的电源电压正常。

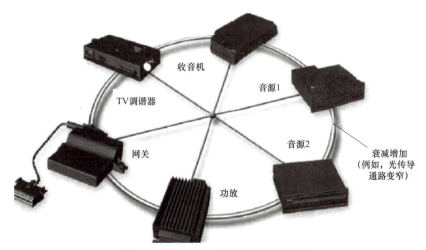

图 6-61 MOST 总线自诊断原理图

诊断过程如下:

(1) 各控制单元通过内诊断 LIN 线通信(内诊断线是图中相交在一起的导线)。

(2) 网关自检,此时内诊断线上为 12 V 网关进行电子诊断;若电子诊断正常,则将诊断线降为 0 V,进行光学诊断,向 TV 调谐器发送光信号。

（3）TV 调谐器感知到诊断线降为 0 V 后，会将内诊断线升为 12 V 并进行电子诊断；诊断后若正常，则进行光学自检，检测接收光，并将诊断线降为 0 V；若网关判别收音机接收没有问题，则向收音机发送光线。

（4）收音机感知到诊断线降为 0 V 后，会将内诊断线升为 12 V 并进行电子诊断；诊断后若正常，则进行光学自检，检测接收光，并将诊断线降为 0 V；若网关判别音源 1 接收没有问题，则向音源 1 发送光线。

（5）音源 1 感知到诊断线降为 0 V 后，会将内诊断线升为 12 V 并进行电子诊断；诊断若正常，则进行光学自检，但发现其不能检测接收光线，故不能将诊断线降为 0 V。

（6）音源 2 感知到诊断线降为 0 V 后，将内诊断线升为 12 V 并进行电子诊断，诊断若正常，则进行光学自检。因为不能检测接收光线（图中光传导通路变窄），故不能将诊断线降为 0 V，网关据此判别音源 1、光纤和音源 2 存在故障。

【技师指导】对于这类故障，可取下音源 1 和音源 2 之间的光纤进行光通路检验。若无光通路故障，则更换音源 1 或音源 2。也可通过观察音源 1 发光管在光纤中是否有光闪动来排除音源 1。

6.5.5　光纤通路的检验方法

光纤能否正常传递光线的最好办法是拆下光纤的一端，用光纤检测仪输入一个较弱的光线，若光纤有损坏，则接收仪器在另一侧接收端接收不到光线。若能接收到弱光线，那么车辆控制单元（VCU）发出的正常光线就一定能接收到。利用这个原理，就可以检测光纤是否有破损。

6.6　驾驶员的申请控制

6.6.1　换挡杆的申请控制

图 6-62 所示为线控换挡杆的换挡杆申请控制，线控换挡控制器为 4 级传感器，也就是具有微控制器（MCU）的 ECU（电子控制单元）传感器。

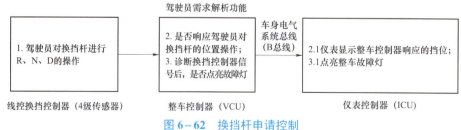

图 6-62　换挡杆申请控制

具体过程如下：

步骤 1，驾驶员对换挡杆进行 R、N、D 的操作。

在整车控制器（VCU）内解析驾驶员的需求后进入步骤2，即是否响应驾驶员对换挡杆的位置操作；信息经车身电气系统总线（B总线）发送给仪表，进入步骤2.1，即仪表显示整车控制器响应的挡位。

在整车控制器（VCU）内执行步骤3，即诊断换挡控制器信号后，是否点亮故障灯。若整车控制器（VCU）存有故障码，则需将这个信息经车身电气系统总线（B总线）发给仪表，仪表进入步骤3.1，即点亮整车故障灯。

6.6.2 P挡驻车锁止控制

图6-63所示为P挡驻车锁止控制过程。

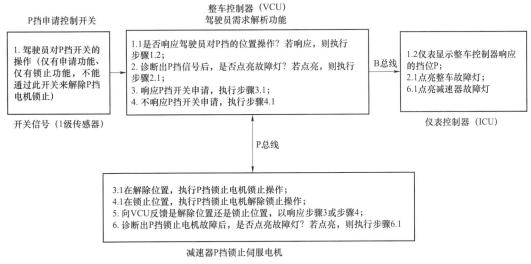

图6-63 P挡驻车锁止控制

具体过程如下：

步骤1，驾驶员对P挡开关的操作（仅有申请功能、仅有锁止功能，不能通过此开关来解除P挡电机锁止）。步骤1.1为判断是否响应驾驶员对P挡的位置操作，通过整车控制器（VCU）实现驾驶员需求解析功能。若响应，则执行步骤1.2，即仪表显示整车控制器响应的挡位P。

步骤2，整车控制器（VCU）诊断出P挡信号后，判断是否点亮故障灯。若点亮，则信息经车身电气系统总线（B总线）传给仪表控制器（ICU），ICU执行步骤2.1，即点亮整车故障灯。

步骤3，响应P挡开关申请，执行步骤3.1，即在解除位置，执行P挡锁止电机锁止操作。

步骤4，不响应P挡开关申请，执行步骤4.1，即在锁止位置，执行P挡锁止电机解除锁止操作。

步骤5，向VCU反馈是解除位置，还是锁止位置，以响应步骤3或步骤4。

步骤6，诊断出P挡锁止电机故障后，判断是否点亮故障灯。若点亮，则执行步骤6.1，即点亮减速器故障灯。

6.6.3 线控换挡杆的倒车灯控制

图6-64所示为线控换挡杆的倒车灯控制过程。

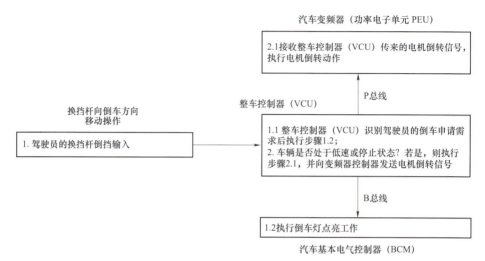

图6-64 线控换挡杆的倒车灯控制

具体过程如下：

步骤1，驾驶员换挡杆向倒车方向移动操作，在整车控制器（VCU）内执行步骤1.1，即整车控制器（VCU）识别驾驶员的倒车申请需求后，汽车基本电气控制器（BCM）执行步骤1.2，即执行倒车灯点亮工作。

步骤2，判断车辆是否处于低速或停止状态。若是，则执行步骤2.1，即汽车变频器（功率电子单元PEU）接收整车控制器（VCU）传来的电机倒转信号，执行电机倒转动作，并向变频器控制器发送电机倒转信号。

6.7 起动控制和防盗控制

6.7.1 起动控制

图6-65所示为起动控制过程。

步骤1，驾驶员操作制动开关信号和一键开关信号（线控P挡，不含P挡开关信号；非线控P挡，含P挡开关信号）输入汽车电气控制器（BCM）或无钥匙进入及起动控制器（PEPS），执行步骤1.1，即制动开关信号和一键开关信号逻辑相与形成驾驶员想起动申请的信号。

步骤2，整车控制器（VCU）判断是否在起动状态。若是，则不响应，保持起动状态。

步骤3，整车控制器（VCU）判断是否有车速信号。若无车速信号，则执行步骤3.1，即电池管理系统控制高压上电继电器组工作下电。

步骤4，整车控制器（VCU）判断是否收到高压系统元件要点亮故障灯信息？若未收到，则电池管理系统（BMS）执行步骤4.1，即控制高压上电继电器组工作上电。

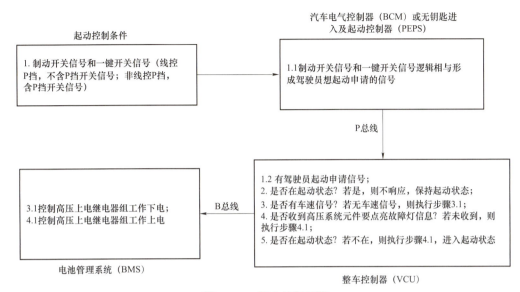

图6-65 起动控制过程

步骤5，判断是否在起动状态。若不在，则电池管理系统（BMS）执行步骤4.1，即进入起动状态，完成起动。

6.7.2 防盗控制

图6-66所示为防盗控制过程。

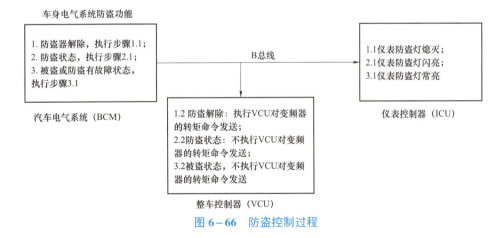

图6-66 防盗控制过程

具体过程如下：

步骤1，防盗器解除，仪表控制器（ICU）执行步骤1.1，即仪表防盗灯熄灭，整车控制器（VCU）执行步骤1.2，即防盗解除：执行VCU对变频器的转矩命令发送。

步骤2，防盗状态，仪表控制器（ICU）执行步骤2.1，即仪表防盗灯闪亮，整车控制器（VCU）执行步骤2.2，即防盗状态：不执行VCU对变频器的转矩命令发送。

步骤 3，被盗或防盗有故障状态，仪表控制器（ICU）执行步骤 3.1，即仪表防盗灯常亮，整车控制器（VCU）执行步骤 3.2，即被盗状态：不执行 VCU 对变频器的转矩命令发送。

6.8 电池管理控制

6.8.1 电池电量显示控制

图 6-67 所示为电池电量显示控制过程。

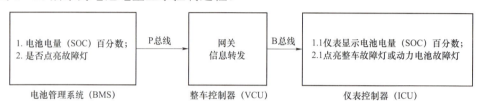

图 6-67 电池电量显示控制过程

具体过程如下：

步骤 1，电池管理系统（BMS）通过电池组的总电压和动态电流的时间积分来计算出电池电量（SOC）百分数，电池电量（SOC）信息经动力系统总线（P 总线）、整车控制器（VCU）、车身电气系统总线（B 总线）转发给仪表控制器（ICU），ICU 步骤执行 1.1，即仪表显示电池电量（SOC）百分数。

步骤 2，电池管理系统（BMS）是否存有故障，是否存有故障码，否点亮故障灯，信息经动力系统总线（P 总线）、整车控制器（VCU）、车身电气系统总线（B 总线）转发给仪表控制器（ICU），ICU 步骤执行 2.1，即点亮整车故障灯或动力电池故障灯。

6.8.2 充电电压控制

图 6-68 所示为充电电压控制过程。

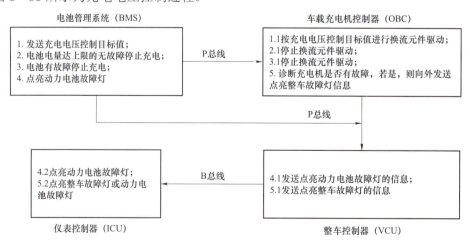

图 6-68 充电电压控制过程

具体过程如下：

步骤 1，发送充电电压控制目标值。信息经 P 总线发送到车载充电机控制器（OBC），OBC 执行步骤 1.1，即按充电电压控制目标值进行换流元件驱动。

步骤 2，电池电量达上限的无故障停止充电。信息经 P 总线发送到 OBC，OBC 执行步骤 2.1，即停止换流元件驱动。

步骤 3，电池有故障停止充电，信息经 P 总线发送到 OBC，OBC 执行步骤 3.1，即停止换流元件驱动。

步骤 4，判断电池管理系统（BMS）是否存有故障码。若存有，则点亮动力电池故障灯。信息经 P 总线发送到整车控制器（VCU），VCU 执行步骤 4.1，即点亮动力电池故障灯。信息发送给仪表控制器（ICU），ICU 执行步骤 4.2，即点亮动力电池故障灯。

步骤 5，OBC 判断诊断充电机是否有故障。若有故障，则向外发送点亮整车故障灯信息给整车控制器（VCU）。VCU 执行步骤 5.1，即发送点亮整车故障灯信息。信息经 B 总线到达仪表控制器（ICU），ICU 执行步骤 5.2，即点亮整车故障灯或动力电池故障灯。

6.9 充电过程控制

6.9.1 充电唤醒控制

图 6-69 所示为充电唤醒控制过程。

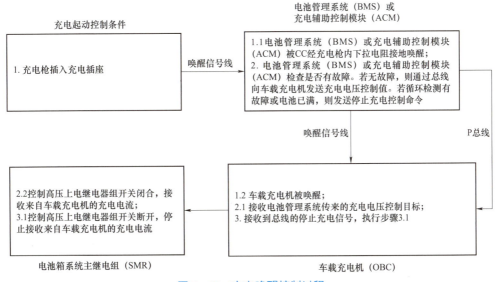

图 6-69 充电唤醒控制过程

具体过程如下：

步骤 1，充电枪插入充电插座，执行步骤 1.1，即电池管理系统（BMS）或充电辅助控制模块（ACM）被 CC 经充电枪内下拉电阻接地唤醒；执行步骤 1.2，即车载充电机被唤醒。

步骤 2，电池管理系统（BMS）或充电辅助控制模块（ACM）检查是否有故障。若无故障，则通过 P 总线向车载充电机（OBC）发送充电电压控制值。若循环检测有故障或电池已满，则向 OBC 发送停止充电控制命令；OBC 执行步骤 2.1，即接收电池管理系统传来的充电电压控制目标；电池箱系统主继电组（SMR）执行步骤 2.2，即控制高压上电继电器组开关闭合，接收来自车载充电机的充电电流。

步骤 3，OBC 接收到总线的停止充电信号，SMR 执行步骤 3.1，即控制高压上电继电器组开关断开，停止接收来自车载充电机的充电电流。

6.9.2 交流充电控制

图 6-70 所示为交流充电控制过程。

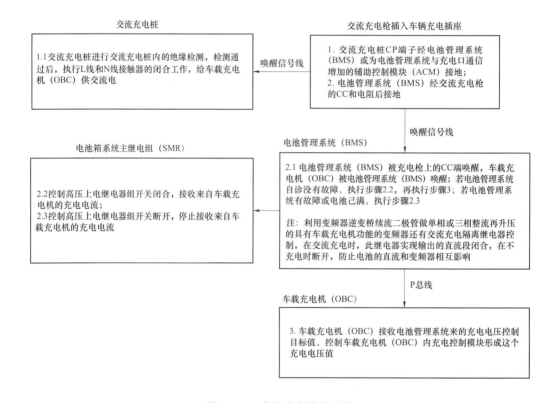

图 6-70 交流充电控制过程

具体过程如下：

步骤 1，交流充电桩 CP 端子经电池管理系统（BMS）或为电池管理系统与充电口通信增加的辅助控制模块（ACM）接地。交流充电桩执行步骤 1.1，即交流充电桩进行交流充电桩内的绝缘检测，检测通过后，执行 L 线和 N 线接触器的闭合工作，向车载充电机（OBC）供交流电。

步骤 2，电池管理系统（BMS）经交流充电枪的 CC 和电阻后接地。电池管理系统（BMS）执行步骤 2.1，即电池管理系统（BMS）被充电枪上的 CC 端唤醒，车载充电机（OBC）被电池管理系统（BMS）唤醒；若电池管理系统自诊没有故障，则电池箱系统主继电组（SMR）

执行步骤 2.2，即控制高压上电继电器组开关闭合，接收来自车载充电机的充电电流；再执行步骤 3；若电池管理系统有故障或电池已满，则电池箱系统主继电组（SMR）执行步骤 2.3，即控制高压上电继电器组开关断开，停止接收来自车载充电机的充电电流。

步骤 3，车载充电机（OBC）接收电池管理系统来的充电电压控制目标值，控制车载充电机（OBC）内充电控制模块形成这个充电电压值。

6.9.3 直流充电控制

图 6-71 所示为直流充电控制过程。

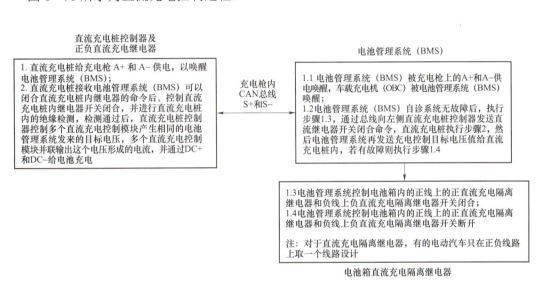

图 6-71 直流充电控制过程

具体过程如下：

步骤 1，直流充电桩给充电枪 A+和 A-供电，以唤醒电池管理系统（BMS）；执行步骤 1.1，即电池管理系统（BMS）被充电枪上的 A+和 A-供电唤醒，车载充电机（OBC）被电池管理系统（BMS）唤醒；执行步骤 1.2，即电池管理系统（BMS）自诊系统无故障后，执行步骤 1.3，通过总线向左侧直流充电桩控制器发送直流继电器开关闭合命令，直流充电桩执行步骤 2，然后电池管理系统再发送充电控制目标电压值给直流充电桩内，若有故障就执行步骤 1.4；执行步骤 1.3，即电池管理系统控制电池箱内的正线上的正直流充电隔离继电器和负线上负直流充电隔离继电器开关闭合；执行步骤 1.4，即电池管理系统控制电池箱内的正线上的正直流充电隔离继电器和负线上负直流充电隔离继电器开关继开。

步骤 2，直流充电桩接收电池管理系统（BMS）可以闭合直流充电桩内继电器的命令后，控制直流充电桩内继电器开关闭合，并进行直流充电桩内的绝缘检测，检测通过后，直流充电桩控制器控制多个直流充电控制模块产生相同的电池管理系统发来的目标电压，多个直流充电控制模块并联输出这个电压形成的电流，并通过 DC+和 DC-给电池充电。

【特别指出】CAN 总线唤醒其他控制器。

经测量，国内有很多电动汽车的充电状态专用唤醒线在实际中并没有被驱动，如 EV300 的车载充电机、DC/DC、VCU 唤醒等。那么各控制器是如何被唤醒的呢？

经实际测量充电口的 CC（充电连接）与 PE 接通后，原本休眠的总线变成了活跃的工作状态，所以可以推断 EV300 的车载充电机、DC/DC、VCU 等控制器是被总线唤醒的。

第 7 章

纯电动汽车制动控制及诊断

车主反映,其比亚迪 E6 纯电动 SUV 汽车在打开点火开关后的电动真空泵工作声音持续时间太长,无法忍受。你知道解决这个问题要用到哪些知识吗?

(1)能说出电动汽车电动真空泵电路组成。
(2)能用踩制动踏板的方法触发电动真空泵电路工作,以判别真空泵电路是否正常。

7.1 电动真空泵控制

在国内,纯电动汽车和一部分混合动力汽车采用带有真空助力器的制动系统,因此有必要了解这样的制动系统。

电动真空泵的起动和关闭是根据真空源(真空源罐或真空管)内的真空度进行控制的,真空度传感器位于真源罐或真空管上,驾驶员踩下制动踏板几次后,真空源内的真空度被真空助力器耗尽,这时真空度传感器检测到真空度不足,真空度的电信号传给 ABS/ESC 控制单元或整车控制单元(VCU),由 ABS/ESC 控制单元或整车控制单元(VCU)控制真空泵继电器来实现真空泵的驱动。

7.1.1 ABS/ESC 控制单元的真空度控制

纯电动汽车电动真空泵电路是由真空助力器真空度传感器(图 7–1)、整车控制器 ECU(或 ABS 的制动控制单元)、电动真空泵继电器、真空泵电机组成的一个闭环真空度控制系统,以保证制动时真空助力器的正常工作。

图 7–2 所示为吉利 EV300 电动真空泵控制原理:真空压力传感器由 POWER 提供 5 V 电源,GND 为接地,SIGNAL 为信号输出,信号用于控制真空泵继电器的线圈接地,也称为继电器线圈的接地控制。

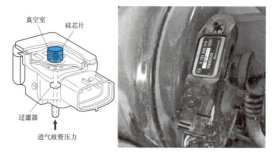

图 7-1 绝对压力传感器（真空度传感器）

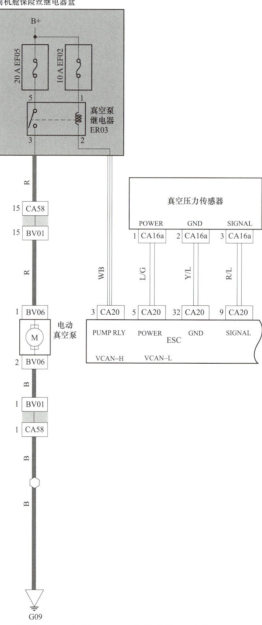

图 7-2 吉利 EV300 电动真空泵控制原理

真空泵继电器线圈有电流流过时，继电器开关闭合，向电动真空泵电机供电，真空泵电机带动真空泵将真空助力器前腔的空气抽出并排入大气，制造出局部的真空。

7.1.2 真空度的概念

压力真空表、压力表、真空表的区别如图 7-3～图 7-5 所示。压力真空表（空调抽真空和测压力用）、压力表是正转型，而真空表的指针是反转型。关于真空度的理解见真空表。在空气中，真空表的指针指在最右侧 0 位；当气压低于一个大气压（即出现真空度时），指针开始反转，反转为负值；指针向左摆得越多，就表示真空度越大，制动助力器的助力效果就越好。

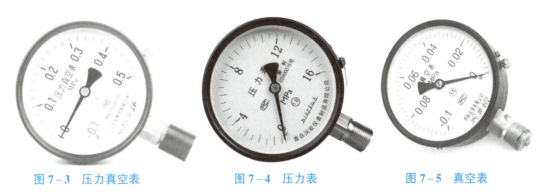

图 7-3　压力真空表　　　　图 7-4　压力表　　　　图 7-5　真空表

7.2　真空度控制系统诊断方法

1. 故障现象

如图 7-6 所示，打开点火开关，踩下制动踏板 1 次（通常无真空罐）或 2 次（通常有真空罐）后，应听到电动真空泵电机工作的声音。

2. 故障原因

（1）若没有电动真空泵电机工作的声音，则说明真空度控制系统有故障，即"真空度传感器——ECU——真空泵继电器——真空泵电机"这个系统有故障。

（2）若真空泵有电机工作声音，但电机工作时间过长，则说明真空泵内漏或外部（如真空罐及管路接头）有漏点。

（3）若真空泵电机工作声音过大，则说明真空泵电机安装支架上的固定有松动。

3. 诊断过程

（1）根据具体车型确定真空泵的一次起动工作时间和工作声音大小是否正常。若异常，则说明系统有漏气，应先排除漏气故障。

【技师指导】经测试，吉利 EV300 真空泵一次踏板操作，电动真空泵即起动，起动工作时间约 8 s，若时间过长，则可寻找漏气点或更换真空泵。比亚迪 E6 真空泵两次踏板操作，电动真空泵即起动，起动工作时间约 15 s，若时间过长，则可寻找漏气点或更换真空泵。对于比亚迪 E6，在取下继电器（固态继电器）后操作制动踏板时会生成故障，插回继电器后会出现真空泵长时间工作,为此需要断开蓄电池重新上电后才能正常。

(2)当电动真空泵不工作时,如图 7-7 所示,车上技师连续踩制动踏板,车外技师用手摸真空泵继电器是否有吸合的声音以初步判定故障是出在控制上还是在工作电路上。

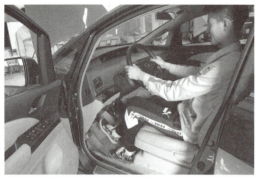

图 7-6　踩制动踏板,听真空泵电机工作声音　　　图 7-7　判别真空泵电机继电器是否工作

(3)继电器的测量。对继电器线圈加电 12 V,测量触点开关电阻,为 0 Ω（图 7-8）;线圈断电,测量触点开关电阻,显示 OL（Open Line,开路）,即 ∞（图 7-9）。

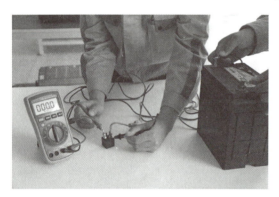 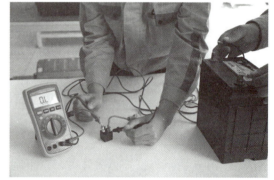

图 7-8　继电器线圈加电 12 V,开关电阻为 0 Ω　　　图 7-9　继电器线圈断电,开关电阻为 ∞（OL）

(4)继电器座的测量。用万用表或试灯测量继电器座（图 7-10）引脚,检查继电器外围电路是否正常。图 7-11 所示为测量继电器触点开关端供电 14.02 V,本次测量正常。

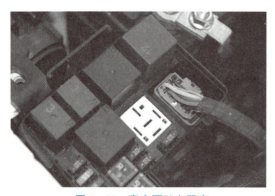 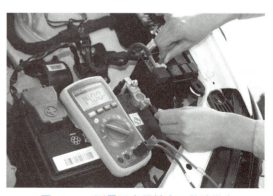

图 7-10　真空泵继电器座　　　图 7-11　测量继电器触点开关端供电

图 7-12 所示为测量继电器触点开关电机端是否通路，本次测量正常。图 7-13 所示为测量继电器线圈端供电 14.02 V，本次测量正常。

图 7-12 继电器触点开关电机端是否通路

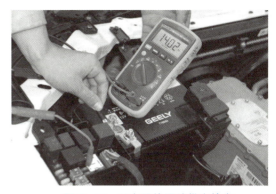

图 7-13 继电器线圈端供电检查

图 7-14 所示为真空泵继电器线圈控制检查。未踩制动踏板时，为 0 V 左右，本次测量说明，继电器线圈未通电工作；踩制动踏板时，为 14.03 V，本次测量说明，继电器线圈被 ABS/ESC 中的电子开关控制接地。

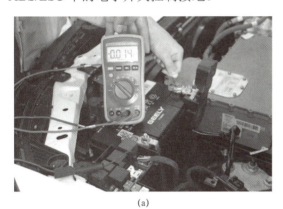
(a)

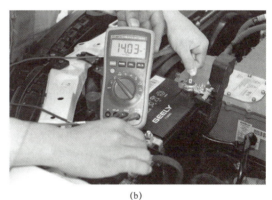
(b)

图 7-14 真空泵继电器线圈控制检查
（a）未踩制动踏板；（b）踩制动踏板

第 8 章

混合动力汽车动力管理系统控制

小林拆下丰田普锐斯混合动力汽车发动机舱内变频器上盖的一条黑色金属盖板后，听到后备厢内部有继电器动作的声音。当小林再试图打到 READY 挡时，发现已不可能了。你知道可能是什么原因导致无法打到 READY 挡吗？

（1）能说出检查混合动力控制系统的注意事项。
（2）能说出高压系统互锁电路的原理。
（3）能在车上找到相应零部件的位置。
（4）能画出丰田普锐斯混合动力汽车电路原理图。
（5）能结合原理图分析丰田普锐斯电路图。

8.1 混合动力汽车动力管理控制功能

在混合动力汽车上，加速踏板位置信号、制动踏板位置信号、换挡杆位置信号共同输入同一个控制器，这个控制器是混合动力汽车的几十个微控制计算机中权利最高、管理最广的计算机。因为汽车的行驶是人机合作的结果，没有人员对控制装置的输入，动力管理系统就无法实现输出。

8.1.1 混合动力汽车动力管理系统

混合动力汽车的动力管理系统 HV – ECU 是动力管理系统的核心，其作用是接收加速踏板的信号，形成驱动转矩，申请的转矩数值经动力管理 ECU 分析来确定以何种比例分配给 ECM（Engine Control Module，发动机控制模块）和逆变器内部的 MCU（Motor Control Unit，电机控制单元），这种比例分配是兼顾完成转矩需求和以高效为目标的。

8.1.2 混合动力汽车动力管理系统功能

接下来，以丰田普锐斯动力管理系统为例来介绍混合动力汽车动力管理系统功能。图 8-1 所示为动力管理控制 ECU 原理（一），其反映了对电源分配、水泵转速、变速器 P 挡锁、故障输出、安全气囊的控制。图 8-2 所示为动力管理控制 ECU 原理（二），其反映了对电动压缩机、集成继电器的控制。图 8-3 所示为动力管理控制 ECU 原理（三），其反映了对电池的温度、高压配电箱、总线的控制。图 8-4 所示为带有 DC/DC 转换器的逆变器系统，其反映了对电力无级变速器内两套电机的控制。

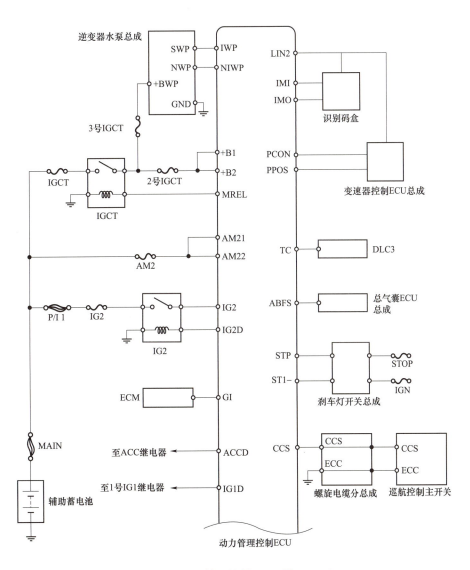

图 8-1　动力管理控制 ECU 原理（一）

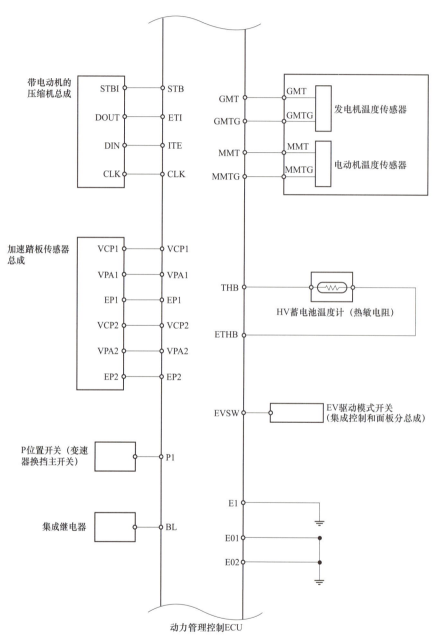

图 8-2 动力管理控制 ECU 原理（二）

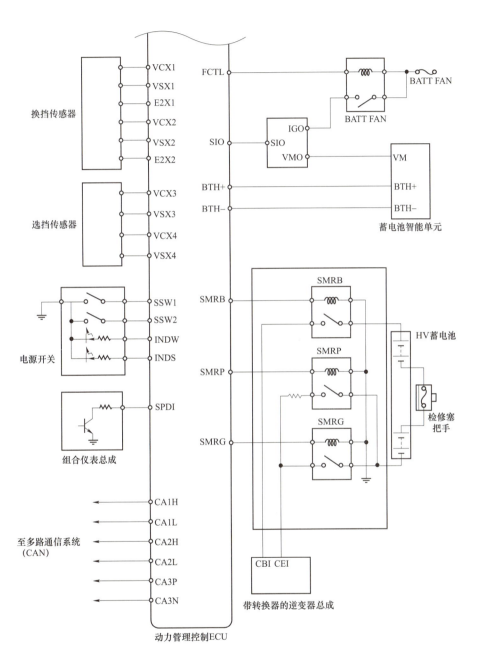

图 8-3 动力管理控制 ECU 原理（三）

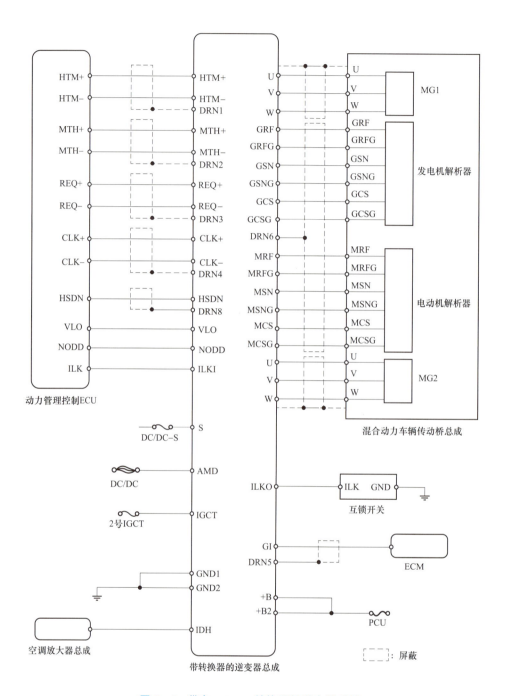

图 8-4 带有 DC/DC 转换器的逆变器系统

丰田普锐斯动力管理系统的控制内容如下。

（1）电源分配控制：起动附件挡 ACC 继电器功能；点火挡 IG1D 继电器功能；点火挡 IG2D 继电器功能。

（2）水泵转速控制：IWP 驱动水泵电机；NIWP 接收水泵故障。

（3）变速器 P 挡锁控制：通过 P1 接收驾驶员的操作信息，结合电机转速等信息来判定达到驻车条件时向总线上的变速器 ECU 发送驻车制动信号。

（4）故障诊断输出：TC 内接自诊断插头 DLC3，外接诊断仪。

（5）安全气囊控制：通过 ABFS 接收安全气囊发来的车辆发生碰撞的信号，对高压进行下电控制。

（6）电动压缩机控制：通过同步通信 CLK 与压缩机的变频器控制器进行通信。ITE 为起动压缩机电机及相应的转速信号输入，ETI 为信号输出。

（7）集成继电器的控制：通过 BL 来实现换挡杆对倒车灯的控制。

（8）12 V 铅酸蓄电池温度控制：通过 THB 接收电池附近温度，以实现 DC/DC 转换器对蓄电池的充电优化控制。

（9）高压配电控制：通过对 SMRB、SMRG、SMRP 三端输出的控制来实现高压上电、下电控制。

（10）总线控制。

（11）电机控制：根据驾驶员的加速踏板信号、制动踏板信号来确定向变频器发送转矩的正、负及数值大小；根据换挡杆信号来确定电机方向的正转、反转。

8.2 检查的注意事项

8.2.1 检查混合动力控制系统的注意事项

检查高压系统或断开带转换器的逆变器总成低压连接器前，务必采取安全措施，如戴绝缘手套并拆下检修塞把手以防电击。拆下检修塞把手后放入自己口袋，以防自己在进行高压系统作业时，其他技师将其意外重新连接。

拆检修塞分为检修塞互锁开关解锁（图 8-5）和转动手柄取出检修塞（图 8-6）两个过程。断开检修塞把手后，接触任何高压连接器或端子前，应等待至少 10 min；使带转换器的逆变器总成内的高压电容器放电，应至少等待 10 min。检查带转换器的逆变器总成内检查点的端子电压时，务必戴绝缘手套。

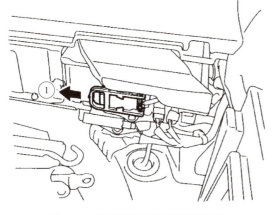

图 8-5　检修塞互锁开关解锁操作

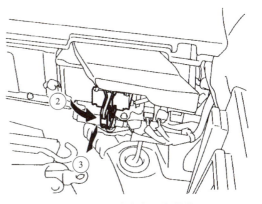

图 8-6　检修塞取出操作

如图 8-7 所示，拆下 9 个螺栓和逆变器盖。拆下连接器盖后，用非残留性胶带覆盖开口以防异物（或液体）进入。将万用表量程设定为 750 V 或更高的直压以测量电压，进行验电操作，如图 8-8 所示。

检查期间，将电源开关置于 ON（IG）位置时，请勿在踩下制动踏板的情况下按下电源开关。注意：在踩下制动踏板的情况下按下电源开关，将导致系统进入 READY-on 状态。这非常危险，因为可能对检查区域施加高电压。接触高压系统的任何橙色线束前，都应将电源开关置于 OFF 位置，戴绝缘手套并从辅助蓄电池负极（-）端子上断开电缆。

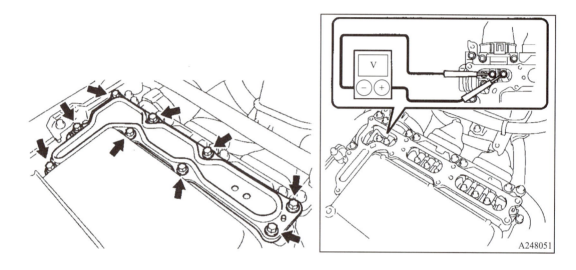

图 8-7 拆下逆变器上部 9 个螺栓　　　图 8-8 逆变器供电验电操作

执行任何电阻检查前，都应将电源开关置于 OFF 位置。断开或重新连接任何连接器前，都应将电源开关置于 OFF 位置。进行涉及高压线束的作业时，应使用缠有乙烯绝缘带的工具或绝缘工具。拆下高压连接器后，应使用绝缘胶带缠绕连接器以防止其接触异物。

8.2.2　检修塞和逆变器互锁电路

动力管理控制 ECU 检测到安全装置工作时，将禁止混合动力系统运行或切断系统主继电器。如图 8-9 所示，在三个不同的位置有三个安全装置。第一个安全装置位于检修塞把手上；第二个安全装置位于与带转换器的逆变器总成连接的线束组上；第三个安全装置位于电动机和发电机电缆及发动机 2 号线束（空调线束）与带转换器的逆变器总成连接的逆变器盖上。如果拆下检修塞把手、逆变器盖或线束组，则互锁信号线路将断路。如果车辆正在行驶，则该情况将被判定为断路且系统主继电器将不切断。如果重新正确安装安全装置，则将电源开关置于 ON（IG）位置时，系统将恢复正常。

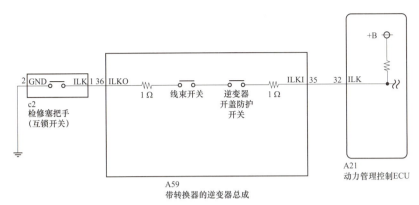

图 8-9 逆变器盖和检修塞互锁开关电路

8.2.3 激活混合动力控制系统的注意事项

警告灯点亮或断开并重新连接辅助蓄电池时，首次尝试将电源开关置于 ON（READY）位置可能不会起动系统（系统可能未进入 READY-on 状态）。如果这样，则将电源开关置于 OFF 位置，并再次尝试起动混合动力系统。

8.2.4 断开 AMD 端子的注意事项

AMD 端子连接至辅助蓄电池正极端子，在 DC/DC 转换器给 12 V 铅酸蓄电池正充电时脱开保险丝盒内 AMD 端子线时 AMD 端子不小心造成接地会造成 DC/DC 转换器输出短路，导致充电保险丝断开，以至 DC/DC 无法给 12 V 铅酸蓄电池的故障。因此，断开 AMD 端子前一定要让 DC/DC 转换器停止工作。

让 DC/DC 转换器停止工作的操作步骤：将电源开关置于 OFF 位置实现高压下电，DC/DC 转换器停止工作后，拆下 AMD 端子；断开 AMD 端子后，用绝缘胶带缠绕端子；重新连接辅助蓄电池负极（-）端子电缆前，务必先将 AMD 端子重新连接到发动机室继电器盒和接线盒总成上（图 8-10），再打开点火开关至 READY 挡。

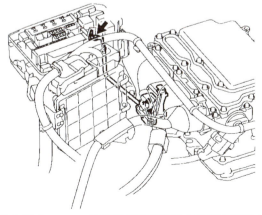

图 8-10 逆变器内 DC/DC 转换器的经保险丝盒给蓄电池充电的 AMD 线

注意：如果从辅助蓄电池负极（-）端子上断开电缆前断开AMD端子，则可能对搭铁短路。如果对搭铁短路，则可能导致熔断丝或保险丝断路。

8.3　混合动力汽车主要部件

混合动力汽车驾驶室内的主要部件如图8-11所示。

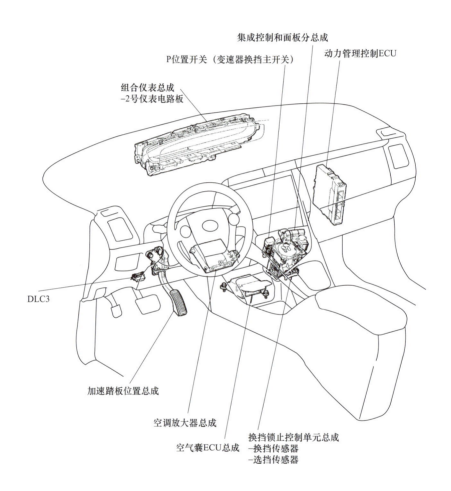

图8-11　驾驶室内的主要部件

混合动力汽车整车的主要部件如图 8-12 所示。

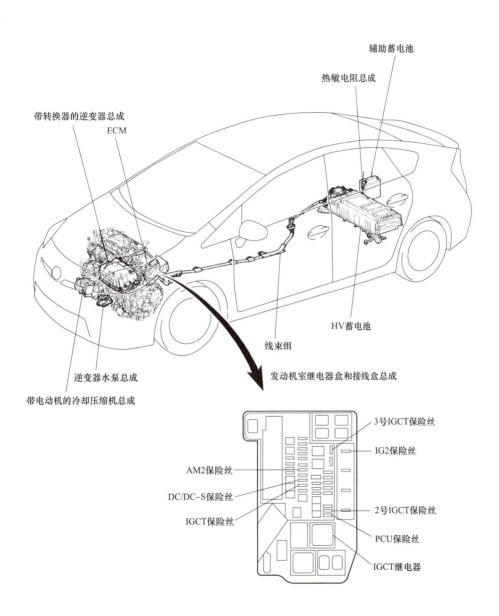

图 8-12 整车的主要部件

带转换器的逆变器总成如图 8-13 所示，电力无级变速驱动桥如图 8-14 所示。

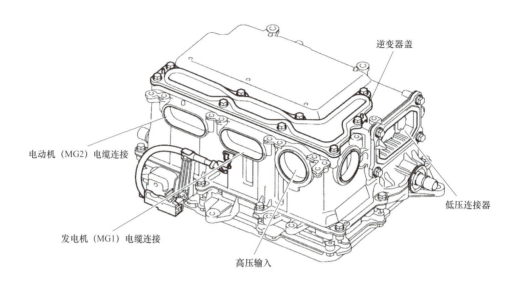

图 8-13 带转换器的逆变器总成

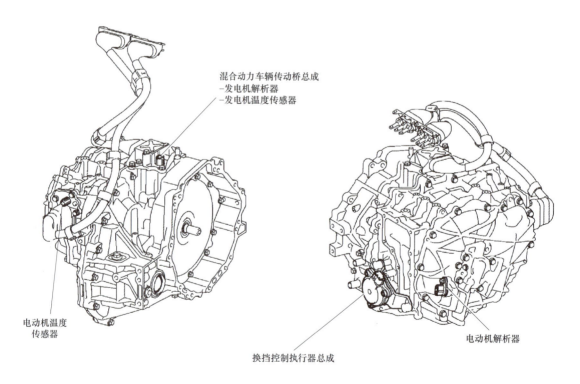

图 8-14 电力无级变速驱动桥

电池箱及主继电器组模块接线盒的主要部件如图 8-15 所示。

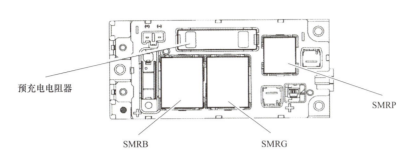

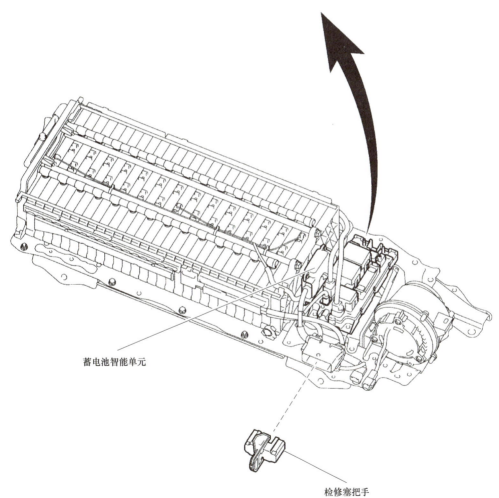

图 8-15　电池箱及主继电器组模块接线盒

8.4 系统描述

8.4.1 基本操作

根据驾驶条件，混合动力系统通过结合发动机、MG1 和 MG2 来产生动力。接下来，结合典型例子进行说明。

（1）HV 蓄电池向 MG2 供电，从而提供驱动前轮的动力，如图 8-16 所示。

（2）发动机通过复合行星齿轮驱动前轮时，将通过复合行星齿轮驱动 MG1，以便将产生的电力提供给 MG2，如图 8-17 所示。

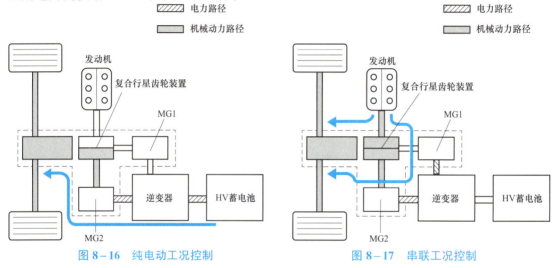

图 8-16　纯电动工况控制　　　　图 8-17　串联工况控制

（3）发动机通过复合行星齿轮转动 MG1，以对 HV 蓄电池进行充电，如图 8-18 所示。

（4）车辆减速时，前轮的动能被回收并转换为电能，通过 MG2 向 HV 蓄电池再充电，如图 8-19 所示。

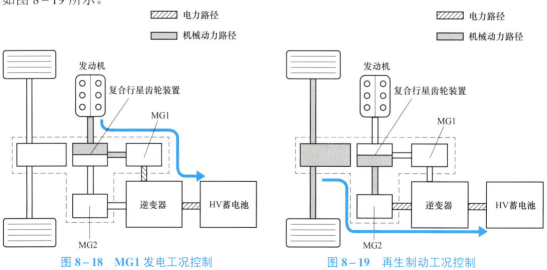

图 8-18　MG1 发电工况控制　　　　图 8-19　再生制动工况控制

8.4.2 系统图

系统图中的主要部件如图 8-20 所示。

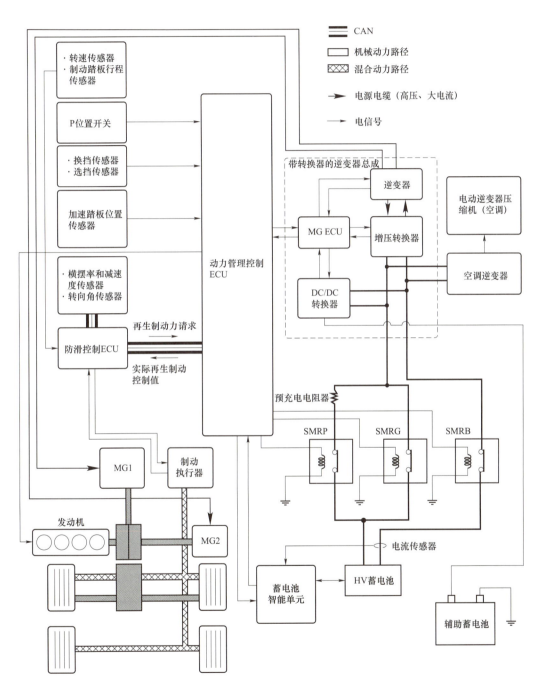

图 8-20 系统图中的主要部件

8.4.3 主要零部件的功能

图 8-19 中主要零部件的功能如表 8-1 所示。

表 8-1 主要零部件的功能

零部件			功能
动力管理控制 ECU			执行混合动力系统的综合控制。 • 接收来自各传感器及 ECU（ECM、MG-ECU、蓄电池智能单元和防滑控制 ECU）的信息，并基于该信息，计算所需的扭矩及输出功率。动力管理控制 ECU 将计算结果发送到 ECM、MG-ECU 和防滑控制 ECU。 • 监视 HV 蓄电池的 SOC。 • 控制 DC/DC 转换器。 • 控制带电动机的 HV 水泵。 • 控制 HV 蓄电池冷却鼓风机
混合动力车辆传动桥总成	电动机/发电机 1（MG1）		由发动机驱动的 MG1 产生高压电，以使 MG2 运行并为 HV 蓄电池充电。同时，它还可作为起动机来起动发动机
	电动机/发电机 2（MG2）		• MG2 由 MG1 和 HV 蓄电池的电能驱动，产生驱动轮原动力。 • 制动期间，或未踩下加速踏板时，将产生高压电以对 HV 蓄电池再充电
	解析器（MG1/MG2）		检测转子位置、转速以及 MG1 和 MG2 的方向
	温度传感器（MG1/MG2）		检测 MG1 和 MG2 的温度
	复合齿轮装置	动力分配行星齿轮机构	合理分配发动机原动力以直接驱动车辆及 MG1
		电动机减速行星齿轮机构	根据行星齿轮的特点降低 MG2 的转速，以增大扭矩
带转换器的逆变器总成	逆变器		将来自增压转换器的直流转换为用于 MG1 和 MG2 交流，反之亦然（从 AC 至 DC）
	增压转换器		将 HV 蓄电池额定电压从 201.6 V 的直流增高为最高 650 V 的直流，反之亦然（将 650 V 的直流降低为 201.6 V 的直流）
	DC/DC 转换器		将 HV 蓄电池额定电压从 201.6 V 的直流降低为大约 14 V 的直流，为电气部件提供电力，并为辅助蓄电池再充电
	MG-ECU		根据接收来自动力管理控制 ECU 的信号控制逆变器和增压转换器，从而使 MG1 和 MG2 作为发电机或电动机运行
	大气压力传感器		检测大气压力
	温度传感器（带转换器的逆变器总成）		检测带转换器的逆变器总成零件的温度和 HV 冷却液温度
	逆变器电流传感器		检测 MG1 和 MG2 的电流

续表

零部件		功能
HV 蓄电池	HV 蓄电池（蓄电池模块）	● 根据车辆驾驶条件，向 MG1 和 MG2 供电。 ● 根据 SOC 及车辆驾驶条件，MG1 和 MG2 对其再充电
	HV 蓄电池温度传感器	检测 HV 蓄电池零件的温度和来自 HV 蓄电池冷却鼓风机的进气温度
混合动力蓄电池接线盒总成	系统主继电器	通过使用来自动力管理控制 ECU 的信号，连接和断开 HV 蓄电池和带转换器的逆变器总成之间的高压电路
	HV 蓄电池电流传感器	检测 HV 蓄电池的输入和输出电流
蓄电池智能单元		● 监视 HV 蓄电池状态（如电压、电流和温度），并将此信息传输至动力管理控制 ECU。 ● 监视高压系统电子绝缘故障
检修塞把手		只有拆下该检修塞把手，切断蓄电池的高压电路，才能检查或保养车辆
互锁开关（检修塞把手、逆变器端子盖、电源电缆连接器）		确认已安装检修塞把手、逆变器盖和逆变器电源电缆连接器
电源电缆		连接 HV 蓄电池、带转换器的逆变器总成、混合动力车辆传动桥总成和带电动机的冷却器压缩机总成
逆变器水泵总成		由来自动力管理控制 ECU 的信号操作，以冷却带转换器的逆变器总成和 MG1
HV 蓄电池冷却鼓风机		由来自动力管理控制 ECU 的信号操作，以冷却 HV 蓄电池
热敏电阻总成		检测辅助蓄电池的温度
加速踏板位置传感器		将加速踏板位置转换为电信号，并将其输出至动力管理控制 ECU
换挡杆位置传感器		将换挡杆操作转换为电信号，并将其输出至动力管理控制 ECU
P 位置开关		驾驶员操作时，将 P 位置开关信号输出至动力管理控制 ECU
EV 行驶模式开关（集成控制和面板分总成）		驾驶员操作时，将 EV 行驶模式开关（集成控制和面板分总成）信号输出至动力管理控制 ECU
动力模式开关（集成控制和面板分总成）		驾驶员操作时，将动力模式开关（集成控制和面板分总成）信号通过 ECM 输出至动力管理控制 ECU
环保模式开关（集成控制和面板分总成）		驾驶员操作时，将环保模式开关（集成控制和面板分总成）信号通过空调放大器输出至动力管理控制 ECU
空调放大器		将各空调状态信号传输至动力管理控制 ECU

8.4.4 故障症状表

混合动力控制系统故障症状表如表 8-2 所示，能使用故障症状表在电路图中进行逆向分析是技师的一项高级技能。故障症状表的电路图逆向分析是指选择一种故障症状，然后在相应的电路图中分析可能产生该症状的原因。

表 8-2　混合动力控制系统故障症状表

症状	可疑部位
不能进入 EV 模式	CAN 通信系统
	组合仪表
	EV 行驶模式开关（集成控制和面板分总成）
	EV 行驶模式开关电路
EV 模式指示灯不亮	组合仪表
	EV 行驶模式开关（集成控制和面板分总成）
EV 模式指示灯不熄灭	组合仪表
	EV 行驶模式开关（集成控制和面板分总成）
不能进入动力模式	CAN 通信系统
	组合仪表
	动力模式开关（集成控制和面板分总成）
	模式选择开关动力模式电路
动力模式指示灯不亮	组合仪表
	动力模式开关（集成控制和面板分总成）
动力模式指示灯不熄灭	组合仪表
	动力模式开关（集成控制和面板分总成）
	模式选择开关动力模式电路
不能进入环保模式	CAN 通信系统
	组合仪表
	环保模式开关（集成控制和面板分总成）
	模式选择开关环保模式电路
环保模式指示灯不亮	组合仪表
	环保模式开关（集成控制和面板分总成）
环保模式指示灯不熄灭	组合仪表
	环保模式开关（集成控制和面板分总成）
	模式选择开关环保模式电路
喘抖和/或加速不良	制动超控系统

续表

症状	可疑部位
混合动力车辆传动桥发出较大的响振声	混合动力车辆变速器发出较大的响振声
	变速器输入减振器总成
	混合动力车辆传动桥总成
电源开关未置于 ON（READY）位置	智能上车和起动系统（起动功能）
	ECU 电源电路
	动力管理控制 ECU
	ECM

第 9 章

高压配电箱诊断与检修

师傅让小林初步诊断一辆由拖车拖来的丰田普锐斯，故障现象是打到 READY 挡时，仪表无 READY 显示。诊断仪显示故障码的内容是"混合动力蓄电池正极触点高电位"。你知道解决这个问题要用到哪些知识吗？

（1）知道丰田普锐斯高压配电箱故障码有哪些。
（2）能在车上测试系统主继电器的好坏。
（3）能安全地更换高压配电箱总成。

9.1 混合动力蓄电池正极触点电路卡在关闭位置

高压配电箱主继电器组电路如图 9-1 所示。该电路使用动力管理控制 ECU 来监视系统主继电器，如果在继电器内检测到故障，则停止该系统，因为任一继电器卡住都可能导致无法切断高压系统。

DTC 编号下的 INF（Information）代码如表 9-1 所示。

表 9-1 DTC 编号下的 INF 代码

DTC 编号	INF 代码	DTC 检测条件	故障部位
P0AA6	526*	高压电路和车身之间的绝缘电阻减小	• 混合动力车辆传动桥总成 • 电动机电缆 • 发电机电缆 • 带转换器的逆变器总成 • 线束组 • 发动机 2 号线束 • 混合动力蓄电池接线盒总成 • 空调系统 • HV 蓄电池 • 蓄电池智能单元

续表

DTC 编号	INF 代码	DTC 检测条件	故障部位
POAA6	611	空调系统中的高压电路的绝缘电阻减小	空调系统
	612	HV 蓄电池部位的绝缘电阻减小	● 混合动力蓄电池接线盒总成 ● 蓄电池智能单元 ● HV 蓄电池
	613	传动桥部位的绝缘电阻减小	● 混合动力车辆传动桥总成 ● 电动机电缆 ● 发电机电缆 ● 带转换器的逆变器总成
	614	高压直流部位的绝缘电阻减小	● 带转换器的逆变器总成 ● 线束组 ● 空调系统 ● 发动机 2 号线束 ● 混合动力蓄电池接线盒总成

注：*INF 代码 526 与 POAA6 一起存储。如果存储 DTC POAA6，则车辆无法起动。
使用兆欧表测量绝缘电阻时，轻摇高压线束的同时测量电阻。

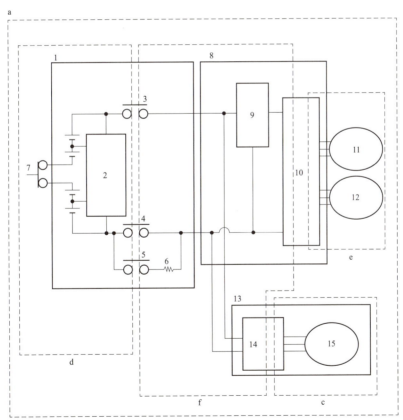

图 9-1 高压配电箱主继电器组电路

1—HV 蓄电池；2—蓄电池智能单元；3—SMRB；4—SMRG；5—SMRP；6—系统主电阻器；7—检修塞把手；8—带转换器的逆变器总成；9—增压转换器；10—逆变器；11—MG1；12—MG2；13—带电动机的压缩机总成；14—空调逆变器；15—空调电动机；
a. 高压部位；b. INF 代码 526 车辆绝缘电阻减小部位；c. INF 代码 611 空调系统部位；
d. INF 代码 612 HV 蓄电池部位；e. INF 代码 613 传动桥部位；f. INF 代码 614 高压直流部位

注意：在进行 POAA1233 故障排除时，应使用缠有乙烯绝缘带的工具或绝缘工具（高压电荷经过非绝缘工具导致短路时是非常危险的）。检查高压系统或断开带转换器的逆变器总成低压连接器前，务必采取安全措施，如戴绝缘手套并拆下检修塞把手，以防电击。拆下检修塞把手后放入自己口袋，以防自己在进行高压系统作业时，其他技师将其意外重新连接。拆下检修塞把手后，等待至少 10 min。检查带转换器的逆变器总成检查点的端子电压。开始工作前的电压应为 0 V。

9.2 绝缘检测

1. 描述

如果使用兆欧表无法确认绝缘电阻减小，则检查数据表中的短波最高值（Short Wave Highest Val）。表 9-2 列出了短波最高值和绝缘电阻的关系。短波最高值随绝缘电阻的减小而降低。然而，在某些情况下，即使车辆的绝缘电阻正常，短波最高值也可能降低。

表 9-2 短波最高值检测绝缘

短波最高值	故障部位
不满足条件（*1）和（*2），且短波最高值大约为 0 V	绝缘电阻接近于 0 Ω 时，极可能受金属物体干扰
不满足条件（*1）和（*2），且短波最高值为 0~5 V	绝缘电阻为数十万 Ω 时，极可能出现液体，如冷却液

因此，确认以下情况时，应检查短波最高值：将电源开关置于 ON（IG）位置后大约经过 1 min 再检查（*1）；不要在系统电压（电源 VB、增压前的 VL 电压和增压后的 VH 电压）之间有差异时检查（*2）。

2. 如何判定有绝缘故障的部位

（1）轻摇高压线束，以检查车身搭铁的电阻是否随线束或施加力位置的变化而变化。

（2）反复旋转和停止 MG1、MG2 和带电动机的压缩机总成。检查并确认：电动机停止时，短波最高值不降低（例如，当异物形成泄漏通道时，电动机停止）；或电动机旋转时，短波最高值不恢复正常（例如，异物从泄漏通道移走）。

（3）升高 MG1 和 MG2 的温度。检查当温度升高时，短波最高值是否降低。

注意：

● 在进行 POAA6 故障排除时，使用缠有乙烯绝缘带的工具或绝缘工具（高压电荷经过非绝缘工具导致短路时是非常危险的）。

● 检查高压系统或断开带转换器的逆变器总成低压连接器前，务必采取安全措施，如戴绝缘手套并拆下检修塞把手以防电击。拆下检修塞把手后放入自己口袋，以防自己在进行高压系统作业时，其他技师将其意外重新连接。

● 拆下检修塞把手后，在接触任何高压连接器或端子前，等待至少 10 min。10 min 后，检查带转换器的逆变器总成检查点的端子电压。开始工作前的电压应为 0 V。

9.3 混合动力蓄电池组电流传感器

1. 描述

蓄电池电流传感器位于 HV 蓄电池正极侧混合动力蓄电池接线盒总成内,用于检测流入和流出 HV 蓄电池的安培数。蓄电池智能单元接收 0~5 V 的电压(图 9-2),此电压与电缆的安培数成比例。该电压从蓄电池电流传感器进入端子 IB。蓄电池电流传感器输出,若电压低于 2.5 V,则表示 HV 蓄电池正在放电;若电压高于 2.5 V,则表示 HV 蓄电池正在充电。根据从蓄电池电流传感器输入蓄电池智能单元端子 IB 的信号,动力管理控制 ECU 确定由 HV 蓄电池总成接收的充电或放电的安培数。根据累计的安培数,动力管理控制 ECU 计算 HV 蓄电池的 SOC(充电状态)。

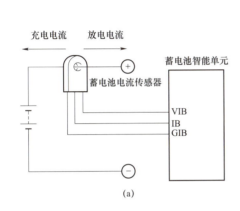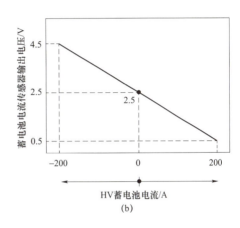

图 9-2 混合动力蓄电池组电流传感器电路及信号输出
(a)电路图;(b)信号输出

9.4 混合动力蓄电池预充电触点控制电路低电位

SMR(System Main Relay,系统主继电器)根据动力管理控制 ECU 的指令连接或断开高压动力系统的继电器组(图 9-3)。继电器组位于混合动力蓄电池接线盒总成内,包括 SMRB 正极主继电器、SMRP 预充主继电器、SMRG 负极主继电器和 1 个预充电电阻器。

上电时,首先将预充继电器(SMRP)和负极主继电器(SMRG)两个继电器的开关闭合,通过预充电电阻器对车辆充电,预充电完成(约几十毫秒后)后,SMRB 正极主继电器开关闭合,SMRP 预充电继电器退出工作。

故障码混合动力蓄电池预充电触点控制电路低电位是指在继电器线圈断电后,继电器开关触点仍无法断开的故障。

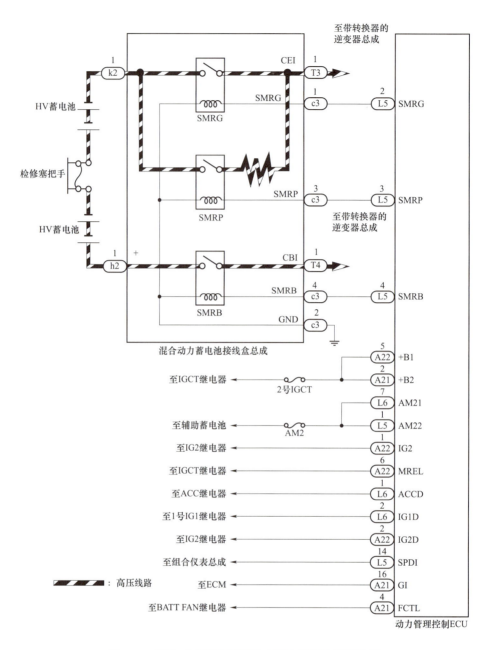

图 9-3 混合动力蓄电池预充电触点控制电路低电位

第 10 章

电机系统控制及诊断

一位驾驶员感觉其驾驶的丰田普锐斯混合动力汽车有故障,在纯电动工况行驶时电机工作无力,请小林师傅分析原因。这个问题应如何解决?

(1) 能说出丰田普锐斯变频器的内部组成和作用。
(2) 能检查电机温度传感器的好坏。
(3) 能检查电机解角传感器的好坏。
(4) 能检查并更换变频器和电机内的冷却液。

10.1 普锐斯逆变器

10.1.1 逆变器

1. 描述

逆变器包括三相桥接电路,该电路包括 6 个功率晶体管(IGBT),每个晶体管都对应 MG1 和 MG2。逆变器将来自 HV 蓄电池的高压直流转换为 MG1 和 MG2 的三相交流,也可将 MG1 和 MG2 提供的三相交流转换为 HV 蓄电池的直流。MG ECU 控制功率晶体管(IGBT)的执行。逆变器向 MG ECU 传输控制所需的信息,如电流、电压。MG ECU 使用内置于逆变器的逆变器电压传感器来检测增压控制所需的增压后的高压。普锐斯混合动力汽车高压网络和低压控制框图如图 10-1 所示。

2. 故障描述

如果电动机逆变器或发电机逆变器出现过电压,则 MG ECU 对其进行检测并将该信息传输至动力管理控制 ECU。

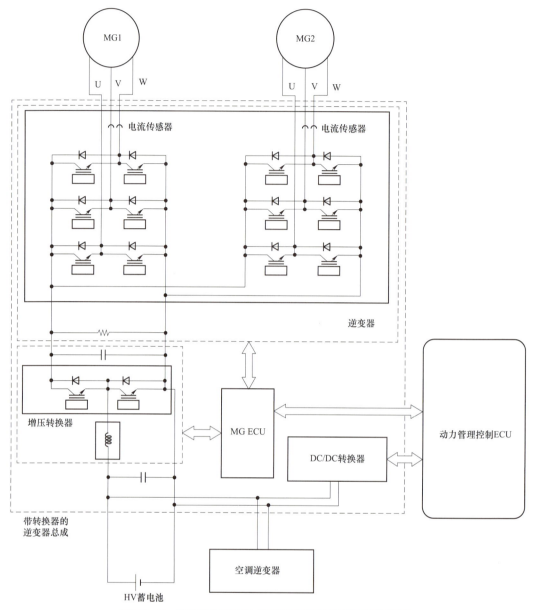

图 10-1 普锐斯混合动力汽车高压网络和低压控制框图

如果电动机逆变器过热,存在电路故障或内部短路,则逆变器通过电动机逆变器故障信号线路传输该信息至 MG ECU。

如果异常电流量流过电动机逆变器,则 MG ECU 检测此情况并发送信号,以告知动力管理控制 ECU 出现故障。

如果 MG2 扭矩执行值与从 MG ECU 至 MG2 的扭矩指令值不一致,则动力管理控制 ECU 将存储该 DTC。

如果电动机逆变器或发电机逆变器出现过电压,则 MG ECU 对其进行检测并将该信息传输至动力管理控制 ECU。

如果电动机逆变器或发电机逆变器出现过电压,则 MG ECU 对其进行检测并将该信息传输至动力管理控制 ECU。

如果电动机逆变器过热，存在电路故障或内部短路，则逆变器通过电动机逆变器故障信号线路传输该信息至 MG ECU。

如果异常电流量流过电动机逆变器，则 MG ECU 检测此情况并发送信号，以告知动力管理控制 ECU 出现故障。

如果电动机逆变器过热，存在电路故障或内部短路，则逆变器通过电动机逆变器故障信号线路传输该信息至 MG ECU。

如果异常电流量流过电动机逆变器，则 MG ECU 检测此情况并发送信号，以告知动力管理控制 ECU 出现故障。

如果逆变器接收到来自 MG ECU 的电动机门切断信号，则它将关闭所有驱动 MG2 的功率晶体管，以强行停止 MG2 工作。MG ECU 监视电动机门切断信号并检测故障。

10.1.2 驱动电动机

三相交流流经定子线圈的三相绕组时，电动机内产生旋转磁场；系统根据转子的旋转位置和速度来控制磁场的旋转；在旋转方向拉动转子上的永久磁铁，从而产生扭矩，扭矩与电流量几乎成比例。系统通过调整交流的频率来控制电动机转速。此外，系统正确控制旋转磁场和转子磁铁的角度（图 10-2），以一种有效的方式产生高扭矩，即使在高速时也是如此。

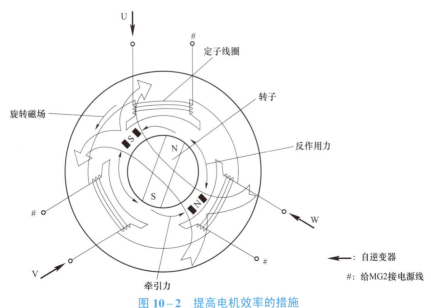

图 10-2 提高电机效率的措施

10.1.3 发动机无法起动

1. 描述

如果发动机出现故障，则从 ECM 发送发动机故障信号至动力管理控制 ECU，动力管控制 ECU 接收到此信号后就设定 DTC 并执行失效保护控制。

如果动力管理控制 ECU 检测到发动机或传动桥（图 10-3）齿轮卡住，则动力管理控制 ECU 将执行失效保护控制。同样，如果其物质或物体阻止发动机或传动桥内部零部件旋转，则动力管理控制 ECU 将执行失效保护控制。

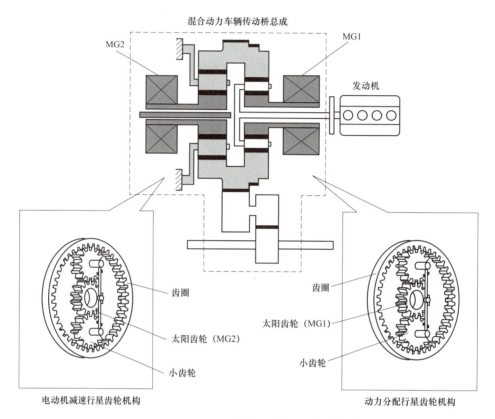

图 10-3 普锐斯电力无级变速驱动桥结构

位于带转换器的逆变器总成内的 MG ECU 监视其内部工作，并在其检测到故障时设定 DTC。如果输出以下任一 DTC，则更换带转换器的逆变器总成。

- 运转脉冲信号循环偏差或停止。
- ND 转换器故障。
- MCU 的 ROM 和 RAM 故障。
- 通信故障（从 MG1 至 MG2）。
- A/D 转换器通信故障。
- IPM 正极电源故障。
- IPM 负极电源故障。
- A/D 转换器故障。
- R/D 转换器 NM 停止故障。
- 标准电压模拟信号偏移。
- 标准电压模拟信号故障。

- 通信故障（从 MG2 至 MG1）。
- ALU 故障。
- R/D 转换器通信故障。

10.2 电机传感器诊断与检修

10.2.1 电机解角传感器

电机解角传感器是用来检测电机转子的磁极位置的传感器（图 10-4）。知道磁极位置，对于保证 MG2 和 MG1 的精确控制来说是必不可少的。各解析器都包括由励磁线圈和 2 个检测线圈（S、C）组成的定子。由于转子是椭圆形的，因此转子在转动过程中，定子和转子之间的间隙会发生改变。预定频率 10 kHz（或 5 kHz）、12 V 的正弦交流电流过励磁线圈，并检测线圈 S 和 C 输出的与传感器转子位置相对应的交流电。

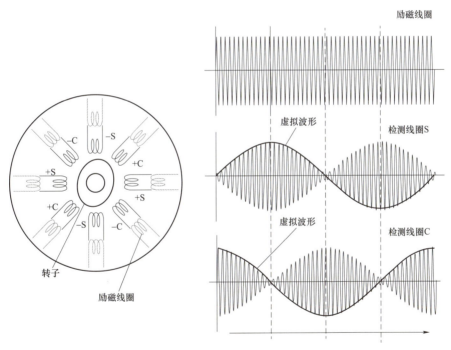

图 10-4 旋转变压器式电机解角传感器及其正弦和余弦输出

带转换器的逆变器总成（MG ECU）根据检测线圈 S（正弦）和 C（余弦）的相位及其波形的高度来检测转子的绝对位置。此外，MCU 计算在预定时长内位置的变化量，从而将解析器作为转速传感器使用。MG ECU 监视电动机解析器的输出信号，并检测故障。

普锐斯旋转变压器式电机解角传感器电路如图 10-5 所示。

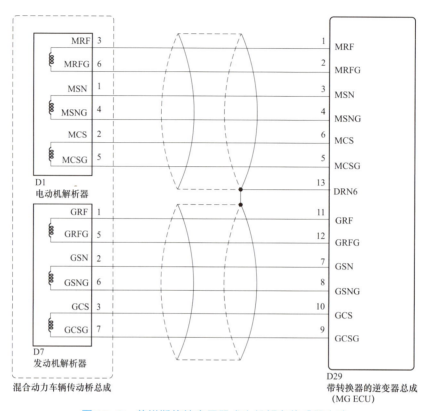

图 10-5　普锐斯旋转变压器式电机解角传感器电路

10.2.2　驱动电动机温度传感器

内置于电动机温度传感器内的热敏电阻的电阻随 MG2 温度的变化而变化。MG2 温度越低，热敏电阻的电阻就越大；反之，温度越高，电阻就越小。

普锐斯电动机温度传感器的温度－电阻特性如图 10-6 所示。

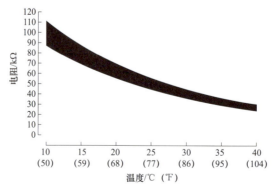

图 10-6　普锐斯电动机温度传感器的温度－电阻特性

普锐斯电动机温度传感器电路如图 10-7 所示，电动机温度传感器断路或对+B 短路，数据流显示 -40 ℃；短路或对搭铁短路，数据流显示 215 ℃。

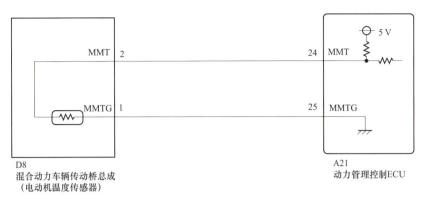

图 10-7　普锐斯电动机温度传感器电路

10.2.3　发电机温度传感器

内置于发电机温度传感器内的热敏电阻的电阻随 MG1 温度的变化而变化。MG1 温度越低，热敏电阻的电阻就越大；反之，温度越高，电阻就越小。

普锐斯发电机温度传感器温度 – 电阻特性如图 10-8 所示。

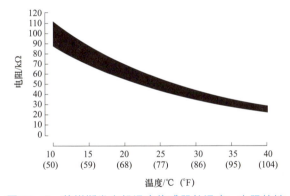

图 10-8　普锐斯发电机温度传感器的温度 – 电阻特性

普锐斯发电机温度传感器电路如图 10-9 所示。发电机温度传感器断路或对+B 短路，数据流显示 –40 ℃；短路或对搭铁短路，数据流显示 215 ℃。

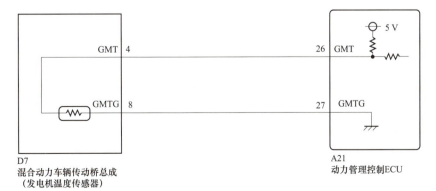

图 10-9　普锐斯发电机温度传感器电路

10.3 冷却系统诊断与维修

10.3.1 逆变器冷却系统性能

普锐斯双电机及带有 DC/DC 转换器的逆变器冷却系统如图 10-10 所示，逆变器将 HV 蓄电池的高压直流转换为供 MG1 和 MG2 使用的交流。在转换过程中，逆变器会产生热量。因此，逆变器通过由逆变器水泵总成、冷却风扇和散热器组成的专用冷却系统进行冷却。该冷却系统独立于发动机冷却系统。动力管理控制 ECU 监视逆变器水泵总成、冷却风扇和冷却系统，并检测故障。

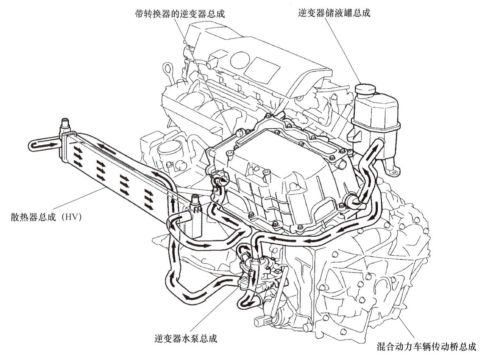

图 10-10 普锐斯双电机及带有 DC/DC 转换器的逆变器冷却系统

10.3.2 电动机逆变器温度传感器

位于带转换器的逆变器总成中的 MG ECU 使用内置于带转换器的逆变器总成的温度传感器来检测电机逆变器的温度。逆变器冷却系统独立于发动机冷却系统进行工作。MG ECU 利用来自电机逆变器温度传感器的信号来检查逆变器冷却系统的效能。如果有必要，MG ECU 将限制逆变器输出，以防逆变器过热。MG ECU 还检测电机逆变器温度传感器及其配线的故障。

10.3.3 发电机逆变器温度传感器

位于带转换器的逆变器总成中的 MG ECU 使用内置于带转换器的逆变器总成的温度传感器来检测发电机逆变器的温度。逆变器冷却系统独立于发动机冷却系统进行工作。MG ECU 利用来自发电机逆变器温度传感器的信号来检查逆变器冷却系统的效能。如果有必要，MG ECU 将限制逆变器输出，以防逆变器过热。MG ECU 还检测发电机逆变器温度传感器及其配线的故障。

第 11 章

电池管理控制及诊断

一辆 2005 年款的丰田普锐斯混合动力汽车在 2017 年出现电池箱电池内阻不一致、电压不一致、个别电池模块内阻高于 40 mΩ（正常一般为 20 mΩ）的故障，原因方向已经确定，请你在实车上根据现场环境找出可能的具体原因。

（1）能说出电池管理系统的传感器和输出执行器的种类。
（2）能正确拆装丰田普锐斯的电池箱，更换单条电池或整箱电池。
（3）能对电池管理系统的数据流进行分析，找到数据异常的元件。

11.1 主要零部件位置

11.1.1 电池管理系统主要部件图

电池管理系统又称电池智能单元，电池管理系统的电池箱、保险丝和继电器如图 11 - 1 所示，动力管理控制 ECU 的位置如图 11 - 2 所示，电池箱元件的位置如图 11 - 3 所示。

11.1.2 系统电路图

电池管理系统的系统电路如图 11 - 4 所示。

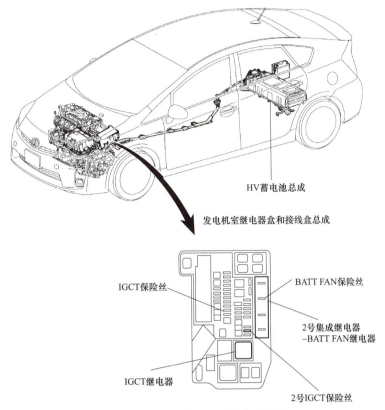

图 11-1 电池箱、保险丝和继电器

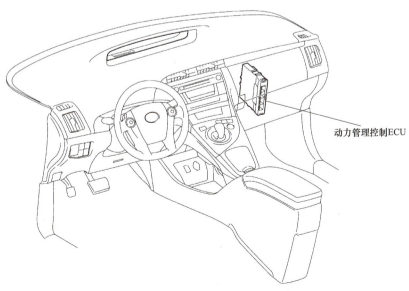

图 11-2 动力管理控制 ECU 的位置

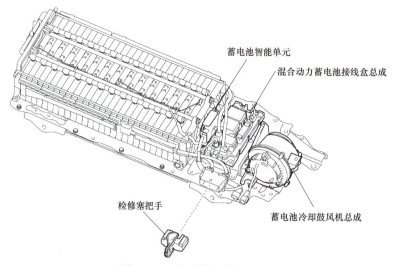

图 11-3 电池箱元件的位置

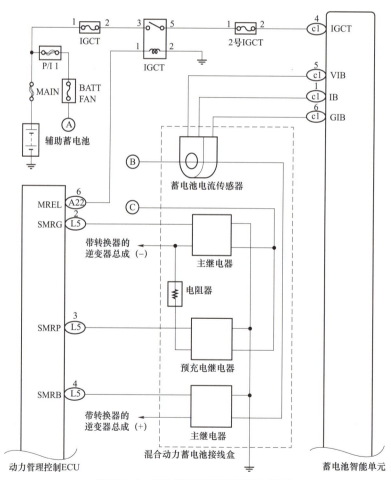

图 11-4 电池管理系统的系统电路图

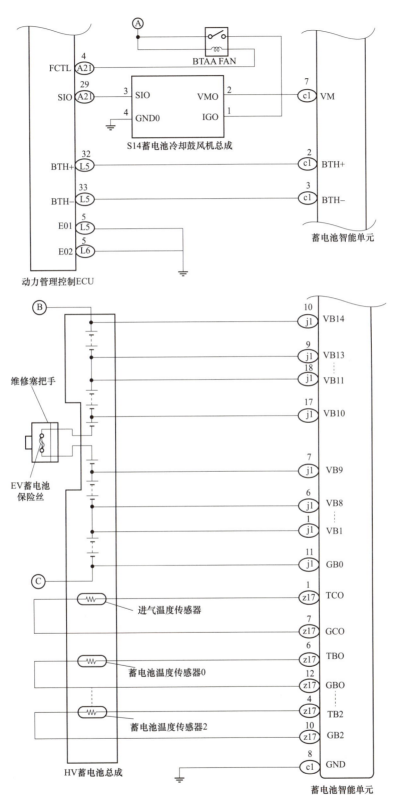

图 11-4 电池管理系统的系统电路（续）

11.1.3 系统描述

蓄电池智能单元控制框图如图 11-5 所示。蓄电池智能单元即电池管理单元，其可以将判定为充电或放电值（由动力管理控制 ECU 计算）所需的 HV 蓄电池状态信号（电压、电流和温度）转换为数字信号，并通过串行通信将其传输至动力管理控制 ECU。

蓄电池智能单元采用漏电检测电路来检测 HV 蓄电池的漏电情况。此外，蓄电池智能单元检测动力管理控制 ECU 所需的冷却风扇的电压，以实现冷却风扇控制。蓄电池智能单元还将这些信号转换为数字信号，并通过串行通信将其传输至动力管理控制 ECU。

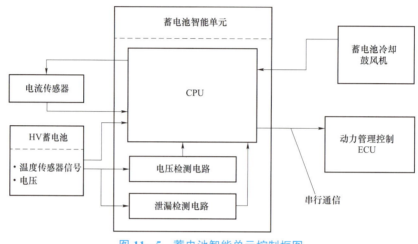

图 11-5 蓄电池智能单元控制框图

11.2 电池管理系统检修

11.2.1 混合动力蓄电池组传感器模块

蓄电池智能单元（蓄电池能量控制模块）通过串行通信将 HV 蓄电池电压信息发送至动力管理控制 ECU。

检查程序如下：

在电源开关置于 ON（READY）位置、选择驻车挡（P）且发动机停机的情况下，确认数据表中的"Power Resource VB"（电源 VB）、"VL - Voltage before Boosting"（增压前的 VL 电压）和"VH - Voltage after Boosting"（增压后的 VH 电压）为 220 V 或更高。

系统正常时，电源 VB、增压前的 VL 电压、增压后的 VH 电压应几乎相等（即换挡杆置于空挡时不会出现电压增加）。如果各电压之间的差超过表 11-1 所示的规定值，则带转换器的变频器有故障。

表 11-1　增压前 VL、增压后 VH、电源 VB 的电压允许差

检查电压	最大电压差/V
"Power Resource VB"（电源 VB）和"VL – Voltage before Boosting"（增压前的 VL 电压）之间的差	50
"Power Resource VB"（电源 VB）和"VH – Voltage after Boosting"（增压后的 VH 电压）之间的差	70
"VL – Voltage before Boosting"（增压前的 VL 电压）和"VH – Voltage after Boosting"（增压后的 VH 电压）之间的差	90

注意：换挡杆置于 N 位置时，如果长时间执行检查程序，则可能导致设定 DTC P3000388。进行故障排除后，如有必要更换蓄电池智能单元，则在安装新蓄电池智能单元后应确认电压。

11.2.2　动力管理控制 ECU 和蓄电池智能单元通信线

动力管理控制 ECU 根据蓄电池智能单元发送的故障信号来向驾驶员发出警告，并执行失效保护控制。动力管理控制 ECU 和蓄电池智能单元的通信电路图如图 11-6 所示。

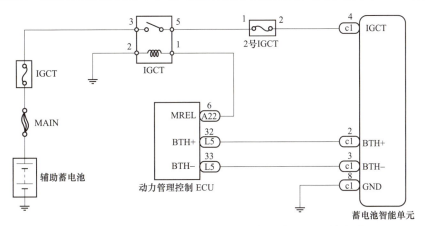

图 11-6　动力管理控制 ECU 和蓄电池智能单元的通信电路图

11.2.3　混合动力蓄电池组的分组电压

HV 蓄电池为镍氢蓄电池，无须外部充电。在行驶过程中，动力管理控制 ECU 将 HV 蓄电池的 SOC（充电状态）控制在恒定水平。HV 蓄电池由 28 个模块组成，每个模块包括 6 个串联的 1.2 V 蓄电池单格，每 2 个模块在信号电压采样上为一组，蓄电池智能单元存储 14 组蓄电池单元电压。14 组蓄电池单元电压的和为总电压，即升压前的电压，该电压是蓄电池静态测量 SOC 的信号，而电流积分测量是动态测量 SOC 的信号。

混合动力蓄电池组的 14 组蓄电池单元电压测量如图 11-7 所示。

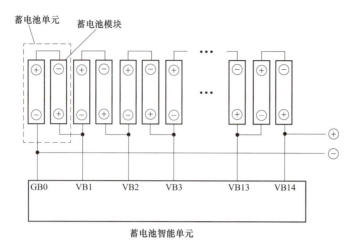

图 11-7 混合动力蓄电池组的 14 组蓄电池单元电压测量

11.2.4 混合动力蓄电池组冷却鼓风机控制电路低电位

蓄电池冷却鼓风机总成的转速由动力管理控制 ECU 控制。动力管理控制 ECU 端子 FCTL 打开蓄电池鼓风机继电器时,向蓄电池冷却鼓风机总成供电。动力管理控制 ECU 将指令信号(SI)发送至蓄电池冷却鼓风机总成,以获得与 HV 蓄电池温度相应的风扇转速;用串行通信通过蓄电池智能单元,将关于施加到蓄电池冷却鼓风机总成(VM)的电压信息作为监控信号发送至动力管理控制 ECU。蓄电池冷却鼓风机转速控制框图如图 11-8 所示。

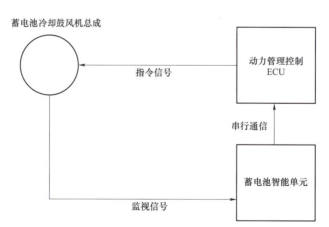

图 11-8 蓄电池冷却鼓风机转速控制框图

蓄电池冷却鼓风机转动控制通信电路如图 11-9 所示,蓄电池冷却鼓风机的转速控制电路如图 11-10 所示。

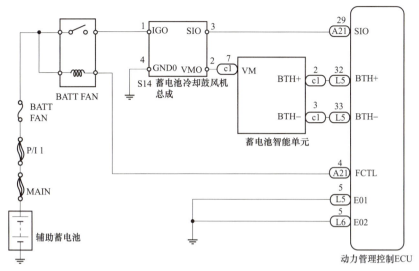

图 11-9 蓄电池冷却鼓风机转动控制通信电路

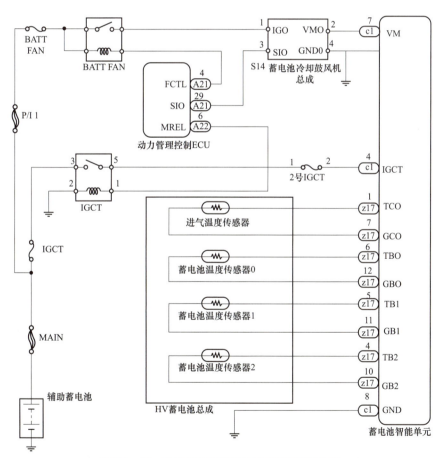

图 11-10 蓄电池冷却鼓风机的转速控制电路

11.2.5 高压保险丝

蓄电池检修塞及中间 125 A 保险丝如图 11-11 所示。

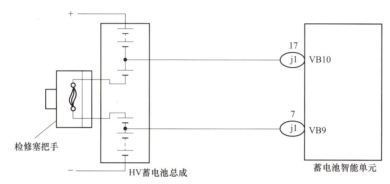

图 11-11 蓄电池检修塞及中间 125 A 保险丝

注意：报废 HV 蓄电池时，应确保由能对其进行安全处理的授权收集商将其回收。通常，按制造商指定的途径即可。

11.2.6 混合动力蓄电池温度传感器

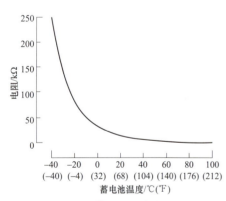

图 11-12 蓄电池温度传感器的
温度-电阻特性曲线

HV 蓄电池的 3 个位置均具有蓄电池温度传感器。内置于各蓄电池温度传感器的热敏电阻的阻值会根据 HV 蓄电池温度的变化而变化。蓄电池温度越低，热敏电阻的阻值就越大；反之，温度越高，阻值就越小。蓄电池温度传感器的温度-电阻特性曲线如图 11-12 所示。蓄电池智能单元使用蓄电池温度传感器检测 HV 蓄电池温度，并将检测值发送至动力管理控制 ECU。动力管理控制 ECU 根据此检测结果来控制鼓风机风扇（HV 蓄电池温度上升超过预定水平时，鼓风机风扇起动）。

蓄电池温度传感器及电流传感器的电路如图 11-13 所示。

11.2.7 混合动力蓄电池组进气温度传感器

进气温度传感器（蓄电池）安装在 HV 蓄电池上。传感器电阻随进气温度的变化而变化。进气温度传感器的特性与蓄电池温度传感器的特性相同。蓄电池智能单元利用来自进气温度传感器的信号来控制蓄电池冷却鼓风机总成的空气流量。

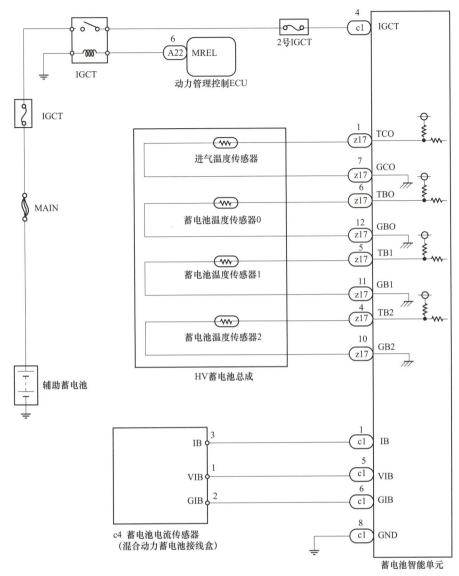

图 11-13 蓄电池温度传感器及电流传感器的电路

11.2.8 混合动力蓄电池组电流传感器

蓄电池电流传感器（图 11-14）安装在 HV 蓄电池总成的正极电缆侧，用于检测流入 HV 蓄电池的电流值。蓄电池智能单元从蓄电池电流传感器将电压输入端子 IB，该电压与电流值成比例并在 0～5 V 之间变化。蓄电池电流传感器的输出电压低于 2.5 V 时表示 HV 蓄电池正在放电，高于 2.5 V 时表示 HV 蓄电池正在充电。动力管理控制 ECU 根据从蓄电池智能单元输入其端子 IB 的信号来确定 HV 蓄电池的充电和放电电流值，并根据累计的电流值来计算 HV 蓄电池的 SOC（充电状态）。

蓄电池电流传感器的电路如图 11-15 所示。

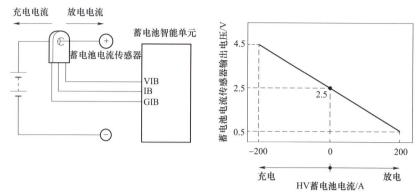

图 11-14 蓄电池电流传感器及其输出

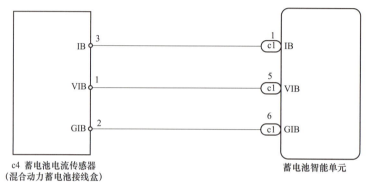

图 11-15 蓄电池电流传感器的电路

11.2.9 蓄电池智能单元和动力管理控制 ECU 的通信

如果蓄电池智能单元检测到内部故障，则将故障信号发送至动力管理控制 ECU。动力管理控制 ECU 一旦接收到来自蓄电池智能单元的故障信号，该 ECU 就向驾驶员发出警告并执行失效保护控制。

蓄电池智能单元和动力管理 ECU 的通信电路如图 11-16 所示，其中 BTH 为 Battery to Hybrid 的缩写。

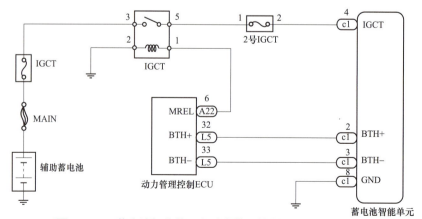

图 11-16 蓄电池智能单元和动力管理控制 ECU 的通信电路

11.2.10 动力管理控制 ECU 与电池智能单元有关的输入/输出

动力管理控制 ECU 与电池智能单元有关的输入/输出如图 11-17 所示。图中，向左的箭头表示去往的元件；ACCD、FCTL 为电流流入动力管理控制 ECU（电流方向向右）；SPDI、IG1D、GI 为电流流出（电流方向向左）；保险左侧接蓄电池的正极。

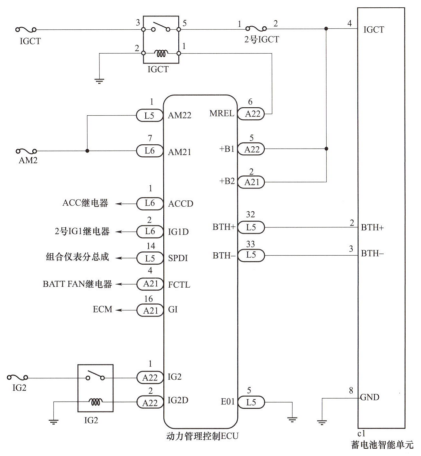

图 11-17 动力管理控制 ECU 与电池智能单元有关的输入/输出

第 12 章

米勒发动机系统诊断

经过两周的工作,小蔡已掌握混合动力汽车使用和维护的理论和操作部分,曹师傅对小蔡求学上进的态度非常满意,打算尽快教他发动机电控系统的诊断。

第三周,曹师傅开始让他诊断和维修米勒循环发动机。一大早,就有一辆丰田普锐斯因撞车事故来厂维修,经检查需要更换前部水箱、大灯、电动空调压缩机和电子节气门体。在更换全部损坏部件后,发现纯电动行驶正常,车辆原地稍踩下加速踏板时,可以感觉到高压电机 MG1 将发动机起动了,排气管排气正常且稳定;但是,当挂 D 挡行驶时,发动机出现抖动并熄火。经多次测试,现象相同。

假如你是小蔡同学,你知道解决这个问题要用到哪些知识吗?

(1)能说出维修发动机前的操作注意事项。
(2)能说出发动机转矩控制的原理。
(3)能说出系统原理图和电路图的区别。
(4)能说出故障症状表的内容。
(5)能说出丰田普锐斯米勒循环发动机中的传感器类型。
(6)能检查米勒循环发动机的燃油供给系统。
(7)能检查米勒循环发动机的点火系统。
(8)能测量丰田普锐斯米勒循环发动机的缸压。
(9)能读出丰田普锐斯发动机数据流中的关键数据。

12.1 发动机检修前的准备工作

12.1.1 安全防护

1. 下电安全防护措施

检查高压系统部件或断开带转换器的逆变器总成低压连接器前,务必采取安全措施,如戴绝缘手套后再拆检修塞把手（图 12-1），以防电击。拆下检修塞把手后放入自己口袋，以防自己在进行高压系统作业时，其他技师将其拾起插入检修塞座导致意外重新连接。

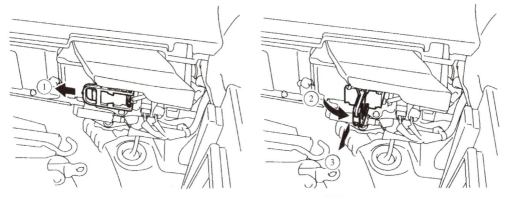

图 12-1　拆下检修塞进行下电操作

说明：将电源开关置于 OFF 位置后，从铅酸蓄电池负极（−）端子上断开电缆前需要等待一定的时间。因此，在继续工作前，应确保阅读从铅酸蓄电池负极（−）端子上断开电缆的注意事项。

拆下检修塞把手后，由于检修塞处的互锁开关断开，再将电源开关置于 ON（READY）位置时，会识别出这个互锁开关断开故障，会导致故障码产生。除非修理手册规定，否则不要将电源开关置于 ON（READY）位置。

断开检修塞把手后，接触任何高压连接器或端子前，等待至少 10 min。

提示：使带转换器的逆变器总成内的高压电容器放电至少需等待 10 min。

2. 对电容放电后进行验电

检查带转换器的逆变器总成内检查点的端子电压（图 12-2），拆下 9 颗螺栓，用万用表测量变频器内的电容是否放电完毕。注意：务必戴绝缘手套。

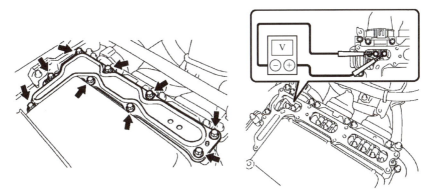

图 12-2　检查带转换器的逆变器总成内检查点的端子电压

12.1.2　混合动力控制系统的激活

警告灯点亮或断开并重新连接铅酸蓄电池时，首次尝试将电源开关置于 ON（READY）

位置可能不会起动系统（系统可能未进入 READY–ON 状态）。如果这样，则将电源开关置于 OFF 位置，并再次尝试起动混合动力系统。

12.1.3 诊断仪的使用

为确保安全，应遵守下列事项：
（1）使用诊断仪前先阅读说明书。
（2）驾驶连接有诊断仪的车辆时，应防止诊断仪电缆卡在踏板、换挡杆或方向盘上。
（3）驾驶车辆使用诊断仪进行检测时，需要两人，一人驾驶车辆，另一人操作诊断仪。

12.1.4 断开蓄电池负极电缆的注意事项

断开铅酸蓄电池负极电缆后，时钟和收音机设定以及存储的 DTC 被清除（有些随机存储器存储的数据会丢失，这样的系统需要修理人员重新设定或初始化）。因此，断开铅酸蓄电池电缆前，应对其进行记录。

12.2 系统原理图和故障症状表

系统原理图是一个系统有完整的传感器或总线输入、有完整执行器或总线输出控制的原理图，系统原理图具有全局性、系统性，便于快速识别原理。

【技师指导】学习汽车电控系统的顺序是原理图学习——故障症状表应用——电路图应用。学习原理图时，要先从元件位置、功能——系统原理图——元件原理图的顺序进行学习，再结合电路图学习才能起到举一反三的作用。

将系统原理图安排在元件原理图之前学习，是因为这样能让学生总览全局，更好地理解"传感器—ECU—执行器"。

12.2.1 发动机系统元件

1. 主要部件的位置

图 12-3 所示为发动机舱的主要部件，包括质量空气流量计、发动机控制模块（ECM）、燃油泵、发动机室继电器盒和接线盒总成等。

2. 车内主要元件的位置

动力管理控制 ECU 的位置如图 12-4 所示，动力管理控制 ECU 是动力系统的主控单元，发动机 ECM 和变频器是动力管理的两个子单元，人们对车辆的控制是通过动力管理控制 ECU 来实现的，具体是通过加速踏板位置传感器、制动踏板位置传感器、换挡位置传感器来实现驾驶员的意图。

图 12-3 发动机舱的主要部件

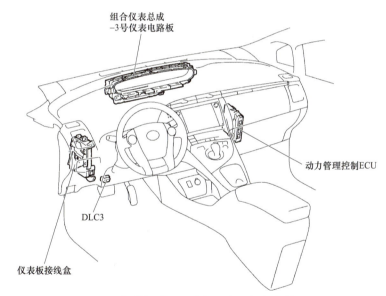

图 12-4 仪表板附近发动机的主要相关部件的位置

3. 传感器和执行器

丰田普锐斯的 5ZR-FXE 发动机控制系统包含的传感器和执行器如图 12-5 所示。米勒循环发动机的传感器和执行器类型与奥托循环基本相同，但米勒循环发动机的控制目标是经济性，奥托循环更倾向于动力性。

4. 排气管

在排气管上有两个氧传感器，如图 12-6 所示。位于三元催化器之前的氧传感器称为空燃比氧传感器（丰田用 S1），类型可以是窄带型或宽带型，位于三元催化器之后的氧传感器称为三元催化器效率监测氧传感器（丰田用 S2），类型只能是窄带型。

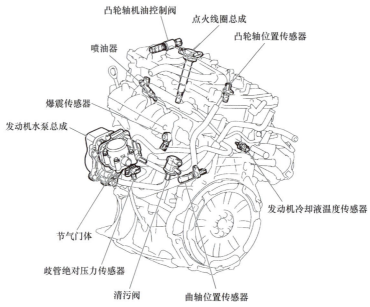

图 12-5　5ZR-FXE 发动机控制系统包含的传感器和执行器

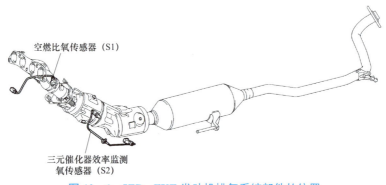

图 12-6　5ZR-FXE 发动机排气系统部件的位置

12.2.2　系统原理图

丰田普锐斯混合动力汽车发动机控制系统原理如图 12-7~图 12-10 所示，其包含以下五个部分。

1. 电源部分

电源常电端口 BATT 用于发动机 ECM 内部微控制器（MCU）的供电，端口 IGSW 用于发动机 ECM 的唤醒，唤醒由电源管理 ECU 根据驾驶员操作供电开关及制动踏板确定的附件挡（ACC）、点火挡（IG）和上电就绪挡（READY）来确定。注意：没有起动挡；起动过程是自动实现的，无须人为控制。

2. 传感器部分

传感器部分包括曲轴位置和转速传感器、凸轮轴位置传感器、质量空气流量计、节气门位置传感器、真空度（绝对压力）传感器、空燃比氧传感器、三元催化器效率监测氧传感器、爆震传感器、水温传感器、进气温度传感器等。

3. 执行器部分

执行器部分包括主断电器控制、燃油泵控制、喷油器、带点火线圈的点火模块、电子节气门电机、碳罐电磁阀、氧传感器加热、仪表故障灯、发动机冷却风扇继电器、冷却水泵控制等。

4. 网络通信部分

发动机 ECM 挂在总线型 CAN 总线上，ECM 端口 G2O 为发动机转速信号输出。

5. 诊断部分

发动机 DLC3 的自诊断接口位于驾驶员膝盖前部下侧，用于连接诊断仪。

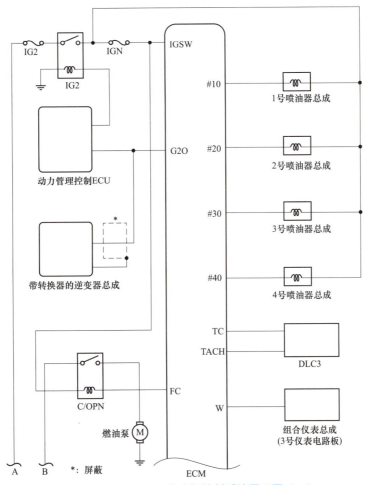

图 12-7　5ZR-FXE 发动机控制系统原理图（一）

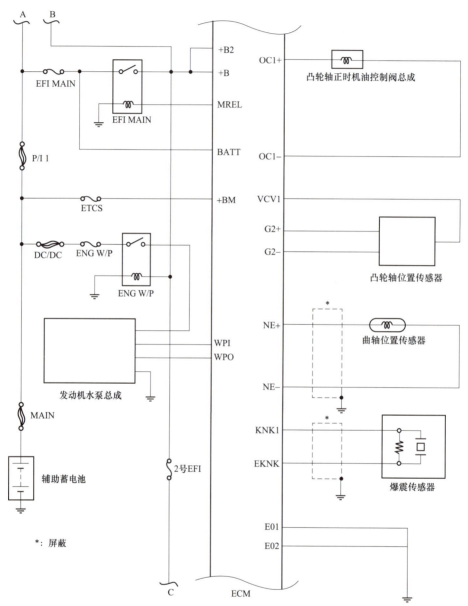

图 12-8 5ZR-FXE 发动机控制系统原理图（二）

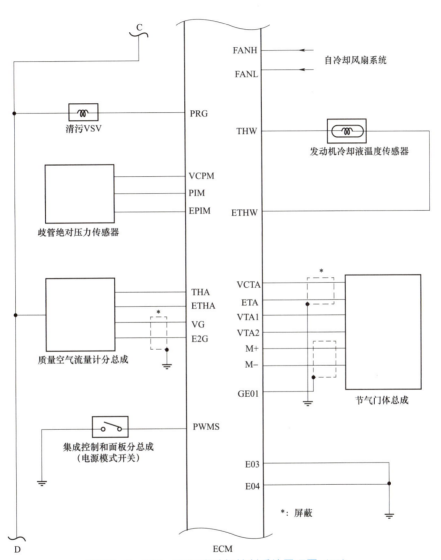

图 12-9 5ZR-FXE 发动机控制系统原理图（三）

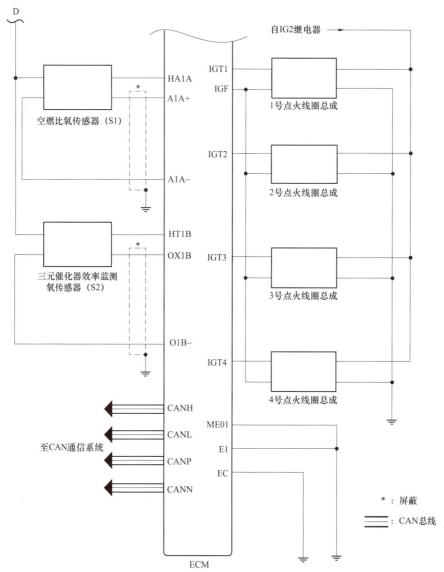

图 12-10　5ZR-FXE 发动机控制系统原理图（四）

12.2.3　故障症状表

正规或世界著名厂家使用故障症状表有助于技师确定故障症状的原因，如表 12-1 所示。如果列出多个可疑部位，则在表中"可疑部位"栏中将症状的可能原因按照可能性由大向小写出。按照所列顺序检查可疑部位，以检查各症状。必要时，应更换零件。在检查下列可疑部位前，应先检查与本系统相关的熔丝和继电器。

表 12-1 发动机系统故障症状表

症状	可疑部位	症状	可疑部位
发动机曲轴不能转动（不起动）	混合动力控制系统	怠速不稳	压缩压力
	VC 输出电路		空燃比氧传感器
无初始燃烧（不起动）	ECM 电源电路		三元催化器效率监测氧传感器
	VC 输出电路		质量空气流量计分总成
	曲轴位置传感器		歧管绝对压力传感器
	燃油泵控制电路		点火系统
	点火系统		燃油管路
	喷油器电路		气门正时
	气门正时		燃油泵
发动机曲轴转动正常但起动困难	燃油泵控制电路	抖动	进气系统
	燃油泵		PCV 系统
	发动机冷却液温度传感器		PCV 系统
	点火系统		空燃比氧传感器
	喷油器总成		质量空气流量计分总成
	压缩压力	喘抖/加速不良	燃油管路
	喷油器电路		燃油泵
	进气系统		气门正时
	节气门体总成		质量空气流量计分总成
	ECM 电源电路		节气门体总成
发生不完全间歇式燃烧（不起动）	燃油泵控制电路		爆燃控制传感器
	燃油泵		制动超控系统
	燃油管路	喘振（操纵性能差）	燃油管路
	点火系统		燃油泵控制电路
	喷油器总成		燃油泵
	曲轴位置传感器		点火系统
	气门正时		喷油器总成
发动机怠速高	节气门体总成	起动后不久发动机熄火	质量空气流量计分总成
	进气系统		进气系统
	发动机冷却液温度传感器		歧管绝对压力传感器
	PCV 系统		燃油管路
	ECM 电源电路		气门正时

续表

症状	可疑部位	症状	可疑部位
发动机怠速转速低（怠速不良）	燃油泵控制电路	减速时发动机熄火	燃油泵磨损导致燃油压力低
	节气门体总成		节气门体过脏
	进气系统		进气、排气通道有阻塞
	PCV 系统		PCV 阀工作不良

12.2.4 基本检查

当通过检查故障码（DTC）不能确认故障原因时，应对所有可能引起本故障的电路进行故障排查。大多数情况下，按系统故障症状表进行发动机基本排查可以快速、有效地找出故障部位。因此，对发动机进行故障排除时，务必进行此检查。

12.2.5 检查间歇性故障

ECM 在检查模式下时，使用诊断仪能更容易检测出间歇性故障。在检查模式下，ECM 使用单程检测逻辑，与使用双程检测逻辑的正常模式（默认）相比，对故障识别的灵敏度更高。

间歇性故障的检查步骤如下：
（1）清除 DTC。
（2）使用检测仪将 ECM 从正常模式切换至检查模式。
（3）进行模拟测试。
（4）检查并晃动线束、连接器和端子。

12.3 位置类传感器诊断与维修

12.3.1 曲轴位置传感器

1. 描述

曲轴位置传感器采用拾波线圈类型，34 个齿的信号盘（共有 36 个齿位，但有两个连续缺齿代表曲轴位置）安装在曲轴上，拾波线圈安装在发动机缸体上，由缠绕的铜线、铁芯和磁铁组成。曲轴转动时，34 个齿的信号盘旋转时，随着每个齿接近拾波线圈后又离开拾波线圈，将改变拾波信号磁回路中的磁阻，使穿过线圈的永磁场变成磁通量可变化的磁场，变化的磁场在拾波线圈内产生一个近似正弦波的交波脉冲电压信号。发动机每转一圈，拾波线圈产生 34 个信号。ECM 根据信号轮连续的两个缺齿扫描拾波线圈产生的信号来识别曲轴位置，通过 34 个齿扫描拾波线圈产生的信号来识别发动机转速，ECM 利用曲轴位置和曲轴转速来控制燃油喷射时间和点火正时。

2. 电路图

曲轴位置传感器系统电路如图 12-11 所示。电路中的传感器元件端口：NE+ 为曲轴位置传感器信号的正方向，NE- 为曲轴位置传感器信号的负方向。

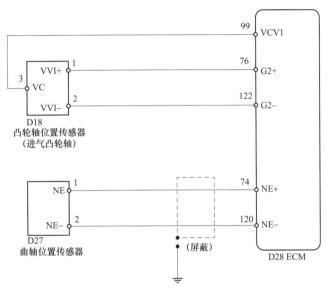

图 12-11　曲轴和凸轮轴位置传感器系统电路

3. 诊断方法

曲轴位置传感器在数据流中是没有数据的传感器，所以只能通过故障码、万用表或示波器诊断。但转速信号在数据流里是有数据的，所以转速信号间接反映了曲轴位置传感器的好坏。

12.3.2　凸轮轴位置传感器

1. 描述

凸轮轴位置传感器（G2 信号）由磁铁和 MR（磁阻）元件组成。

凸轮轴有凸轮轴位置传感器正时转子。凸轮轴转动时，正时转子和 MR 元件之间的气隙会发生改变，从而影响磁铁和 MR 元件材料的电阻，从而发生波动。凸轮轴位置传感器将凸轮轴旋转数据转换成脉冲信号，并将脉冲信号发送到 ECM 来确定凸轮轴转角。然后，ECM 利用此数据来控制燃油喷射时间和喷油正时。

2. 电路图

凸轮轴位置传感器系统电路如图 12-11 所示，电路中的传感器元件端口：VC 为传感器加热器供电；VVI- 为接地；VVI+ 为传感器信号输出。

3. 诊断方法

凸轮轴位置传感器在数据流中是没有数据的传感器，所以只能通过故障码、万用表或示波器诊断。

12.3.3 节气门位置传感器

1. 描述

节气门位置传感器安装在节气门体总成上,用于检测节气门开度。该传感器为非接触型,使用霍尔效应元件,以便在极端条件下也能生成精确的信号。

节气门位置传感器有两个传感器电路 VTA1 和 VTA2,各传送一个信号。VTA1 用于检测节气门开度,VTA2 用于检测 VTA1 的故障。传感器信号电压与节气门开度成比例,在 0~5 V 变化,并且传送到 ECM 端子 VTA。

2. 电路图

5ZR-FXE 发动机节气门位置传感器电路如图 12-12 所示。电路中的端口:VC 为 5 V 电源;VTA 为位置主信号输出;VTA2 为位置副信号输出;E2 为传感器接地。

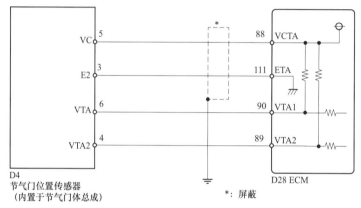

图 12-12 5ZR-FXE 发动机节气门位置传感器电路

3. 诊断方法

根据故障码和数据流进行诊断。节气门关闭时,传感器输出电压降低;节气门开启时,传感器输出电压升高,如图 12-13 所示。ECM 根据这些信号来计算节气门开度并响应驾驶员输入,

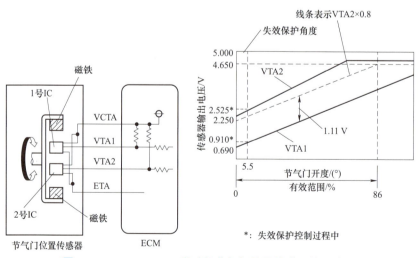

图 12-13 5ZR-FXE 发动机节气门位置传感器信号输出

以控制节气门执行器。这些信号还用于计算空燃比修正值、功率提高修正值和燃油切断控制。

通过传感器端子 VTA1 传输的节气门开度以百分比形式表示。其中，10%~22%表示节气门全关；64%~96%表示节气门全开；失效保护角度约为 18.2%（5.5°）。

失效保护：发动机 ECM 内设定了一部分故障码（DTC）或者与电子节气门控制系统故障有关的其他 DTC 时，ECM 进入失效保护模式。在失效保护模式下，ECM 切断流向节气门执行器的电流，并且节气门在回位弹簧的作用下返回 5.5°节气门开度，ECM 停止发动机且仅可使用混合动力系统使车辆行驶。如果平稳而缓慢地踩下加速踏板，则车辆会缓慢行驶。

失效保护模式持续运行，直至检测到通过条件且将电源开关置于 OFF 位置。

12.4 空气质量计量类传感器诊断与维修

12.4.1 质量空气流量计

1. 描述

质量空气流量计分总成是测量流经节气门空气量的传感器。ECM 利用此信息确定燃油喷射时间并提供适当的空燃比。质量空气流量计分总成内部有一个暴露于进气气流的白金热丝，向铂丝施加特定的电流。进气气流冷却白金热丝和内部热敏电阻，从而影响它们的电阻。为保持恒定的热丝温度值，将电流施加到质量空气流量计分总成的这些零部件。电压高低与通过传感器的空气流量成比例，ECM 利用这种规律来计算进气量。该电路的结构使白金热丝和温度传感器构成桥接电路，并且功率晶体管的控制使 A 和 B 两端的电压保持相等，以便将温度维持在预定值。

提示：发动机 ECM 检测到空气流量故障后，设置内部生成 DTC，同时 ECM 进入失效保护模式。在失效保护模式下，ECM 根据发动机转速和节气门位置计算点火正时。失效保护模式持续运行，直至检测到通过条件。

2. 电路图

5ZR-FXE 发动机的质量空气流量计电路如图 12-14 所示。电路中的端口：+B 为 12 V 电源、VG 为信号输出；E2G 为传感器接地。

3. 诊断方法

执行自诊断检查程序前，先检查本系统相关电路的熔丝，再根据故障码和数据流进行诊断。

12.4.2 歧管绝对压力传感器

1. 描述

歧管绝对压力传感器通过内置传感器来检测进气歧管的内部压力，并将其作为绝对压力并输出电压。ECM 根据来自歧管绝对压力传感器的电压来控制空燃比，并校正压力改变所导致的压力传感器故障。

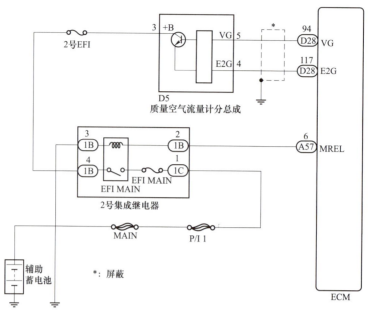

图 12-14　5ZR-FXE 发动机质量空气流量计电路

2. 电路图

5ZR-FXE 发动机的歧管绝对压力传感器电路如图 12-15 所示。电路中的端口：VC 为 5 V 电源；PIM 为信号输出；E2 为传感器接地。

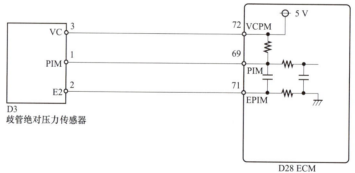

图 12-15　5ZR-FXE 发动机的歧管绝对压力传感器电路

3. 诊断方法

首先，根据故障码和数据流进行诊断；其次，除了针对图 12-15 所示电路图中的电源外，更精确的测量是绝对压力和信号输出的关系测量，如图 12-16 所示。

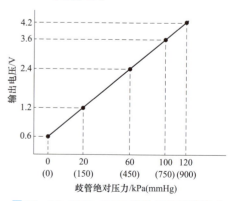

图 12-16　5ZR-FXE 发动机的歧管绝对压力传感器信号输出

12.4.3　进气温度传感器

1. 描述

进气温度传感器安装在质量空气流量计分总成内，用于监视进气温度。进气温度传感器中内置热敏电阻，其电阻值随进气温度的变化而变化。进气温度下降时，热敏电阻的电阻值增大；进气温度上升时，电阻值减小。电阻的这些变化被作为电压的变化传输至 ECM。ECM 端子 THA 经 ECM 内的电阻器 R 将 5 V 电源施加到进气温度传感器上。电阻器 R 和进气温度传感器是串联的。进气温度传感器的电阻值随进气温度的变化而变化时，端子 THA 上的电压也随之变化。发动机冷机时，ECM 根据此信号增加燃油喷射量，以提高操纵性能。

提示：设定 DTC P0112 或 P0113 时，ECM 进入失效保护模式。在失效保护模式下，ECM 估算进气温度为 20 ℃（68 ℉）。失效保护模式持续运行，直至检测到通过条件。

2．电路图

5ZR-FXE 发动机的进气温度传感器电路如图 12-17 所示。电路中的端口：THA 为 5 V 电源线，也是信号输出；E2 为传感器接地。

3．诊断方法

首先，根据故障码和数据流进行诊断；其次，测量针对温度传感器的电路，除了测量图 12-17 所示电路图中的 5 V 供电电源外，更精确的测量是温度和信号输出的关系测量，如图 12-18 所示。

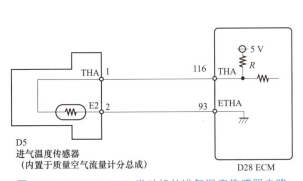

图 12-17　5ZR-FXE 发动机的进气温度传感器电路

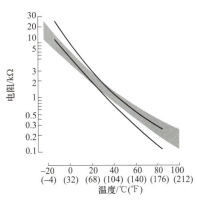

图 12-18　5ZR-FXE 发动机的进气温度传感器信号输出

12.5　温度类、振动类传感器诊断与维修

12.5.1　冷却液温度传感器

1．描述

热敏电阻内置于发动机冷却液温度传感器，其电阻值随发动机冷却液温度的变化而变化。传感器的结构及其与 ECM 的连接方式和进气温度传感器相同。

提示：设定 DTC P0115、P0117 和 P0118 中的任一个时，ECM 进入失效保护模式。在失效保护模式下，ECM 估算发动机冷却液温度为 80 ℃（176 ℉）。失效保护模式持续运行，直至检测到通过条件。

2. 电路图

5ZR-FXE 发动机冷却液温度传感器电路如图 12-19 所示。电路中的端口：THW 为 5 V 电源，也是信号输出端；E2 为传感器接地。

图 12-19　5ZR-FXE 发动机冷却液温度传感器电路

3. 诊断方法

根据故障码和数据流进行诊断。如果存储 DTC P0117，则检查并确认发动机没有过热（若发动机过热，则可能存储 DTC P0117）。

12.5.2　爆震传感器

1. 描述

目前，大多数发动机的爆震传感器采用平面型，平面型爆震传感器（非谐振型）的结构可检测频率为 6～15 kHz 的宽频带振动。

爆震传感器安装在发动机缸体上，用于检测发动机爆震。爆震传感器内装有压电元件，它在变形时产生电压。发动机缸体因爆燃而振动时，就会产生电压。任何发动机爆震的发生都可以通过延迟点火正时加以抑止。

2. 电路图

平面型爆震传感器电路如图 12-20 所示。电路中的端口：KNK1 为爆震传感器的正向信号输出方向；EKNK 为爆震传感器的负向信号输出方向。

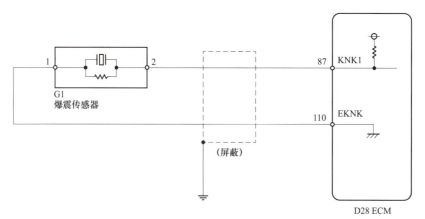

图 12-20　平面型爆震传感器电路

3. 诊断方法

爆震控制传感器在数据流中是没有数据的传感器，所以只能通过故障码、万用表或示波器诊断。

12.6　氧传感器诊断与检修

12.6.1　空燃比氧（A/F）传感器

1. 描述

空燃比氧（A/F）传感器（S1）是指安装在三元催化转化器前面、靠近发动机总成的传感器。发动机 ECM 检测到空燃比氧传感器故障时，生成故障码（DTC），ECM 进入失效保护模式。在失效保护模式下，ECM 关闭空燃比氧传感器加热器。失效保护模式持续直至将电源开关置于 OFF 位置。尽管 DTC 标题中提及氧传感器，但这些 DTC 与空燃比氧传感器有关。ECM 利用脉宽调制来调节通过加热器的电流。空燃比氧传感器加热器电路使用电路 +B 侧的继电器。

2. 电路图

ZR-FXE 发动机空燃比氧传感器电路如图 12-21 所示。电路中的端口：+B 为传感器加热器供电；HA1A 为加热线负极；A1A- 为空气比氧传感器信号输出的负极；A1A+ 为空燃比氧传感器信号输出的正极。

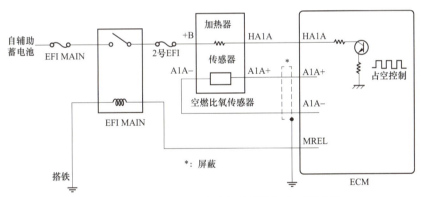

图 12-21　5ZR-FXE 发动机空燃比氧传感器电路

3. 诊断方法

先检查本系统相关电路的熔丝，再执行以下检查程序：

（1）请参见诊断仪中的"数据表/主动测试"A/F Heater Duty#1 数据。

（2）使用诊断仪读取定格数据。存储 DTC 时，ECM 将车辆和驾驶状况信息记录为定格数据。进行故障排除时，定格数据有助于确定故障出现时车辆是运行还是停止，发动机是暖机还是未暖机，空燃比是稀还是浓以及其他数据。

（3）使用主动测试提供的控制喷油量功能改变燃油喷射量并监视空燃比氧传感器的输出电压。进行主动测试时，如果传感器的输出电压不改变（几乎无反应），则传感器可能有故障。

12.6.2 三元催化器效率监测氧传感器

1. 描述

三元催化器效率监测氧传感器（S2）是指安装在三元催化转化器后面、远离发动机总成的传感器。发动机 ECM 检测到三元催化器效率监测氧传感器故障时，生成故障码（DTC），同时 ECM 进入失效保护模式。在失效保护模式下，ECM 关闭三元催化器效率监测氧传感器加热器。失效保护模式持续直至将电源开关置于 OFF 位置。ECM 利用脉宽调制来调节通过加热器的电流。三元催化器效率监测氧传感器加热器电路使用电路 +B 侧的继电器。

2. 电路图

5ZR – FXE 发动机三元催化器效率监测氧传感器系统电路如图 12 – 22 所示。电路中的端口：+B 为传感器加热器供电；HT1B 为加热线负极；E2 为空燃比氧传感器信号输出的负极；OX1B 为空燃比氧传感器信号输出的正极。

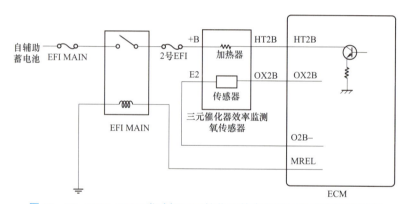

图 12 – 22　5ZR – FXE 发动机三元催化器效率监测氧传感器系统电路

3. 诊断方法

请参见诊断仪"数据表，主动测试"中的 O2 Heater B1S2 和 O2 Heater Curr Val B1S2。诊断仪数据表项目 O2 Heater Curr Val B1S2 的值不为 0 A 时，加热器打开。使用主动测试提供的控制喷油量，功能改变燃油喷射量，并监视三元催化器效率监测氧传感器的输出电压。进行主动测试时，如果传感器的输出电压不改变（几乎无反应），则传感器可能有故障。

4. 催化系统效率低于阈值

ECM 使用安装在三元催化转化器前面和后面的传感器来监视其效率。前面的传感器即空燃比氧传感器，向 ECM 发送催化处理之前的信息；后面的传感器即三元催化器效率监测氧传感器，向 ECM 发送催化处理之后的信息。

为检查三元催化转化器内出现的任何老化现象，ECM 会计算该三元催化转化器的储氧能力。这种计算在进行主动空燃比控制的同时，根据三元催化器效率监测氧传感器的输出电压来进行。储氧能力值可以显示三元催化转化器的储氧能力。车辆暖机行驶时，主动空燃比控制执行 15~20 s。执行时，ECM 会据此设定空燃比的稀浓程度。如果三元催化器效率监测氧传感器的波形周期变长，则储氧能力变大。三元催化转化器效率监测氧传感器和储氧能力之间有直接关系。

ECM 利用储氧能力值来确定三元催化转化器的状态。如果发生任何老化，则其将点亮 MIL 并设定 DTC。该系统使用比后催化剂更灵敏的前催化剂储氧能力值作为典型值来确定整个催化系统的恶化程度（包括前催化剂和后催化剂）。因此，当有必要更换催化剂时，应确保同时更换前催化剂和后催化剂。如果三元催化转化器老化，则即使在正常驾驶条件下（未执行主动空燃比控制），三元催化器效率监测氧传感器（位于三元催化转化器后面）的输出电压也会频繁上下波动。

空燃比氧传感器和三元催化器效率监测氧传感器的波形如图 12-23 所示。

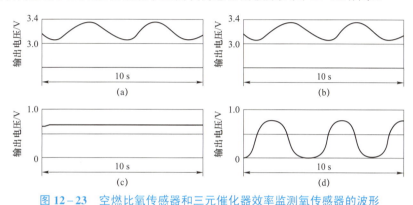

图 12-23 空燃比氧传感器和三元催化器效率监测氧传感器的波形
（a）空燃比氧传感器的波形，催化剂正常；（b）空燃比氧传感器的波形，催化剂老化；
（c）三元催化器效率监测氧传感器的波形，催化剂正常；（d）三元催化器效率监测氧传感器的波形，催化剂老化

12.7　ECM 电路

12.7.1　系统电压

1. 描述

即使将电源开关置于 OFF 位置，铅酸蓄电池也可以向 ECM 供电。该电源可使 ECM 储存数据，如 DTC 记录、定格数据和燃油修正值。如果铅酸蓄电池电压降至最低值以下，则这些存储信息会被清除，且 ECM 会判定电源电路出现故障。发动机下次起动时，ECM 将点亮 MIL 并设定 DTC。

2. 电路图

铅酸蓄电池向 ECM 供电电路如图 12-24 所示。电路中的端口：BATT 为 ECM 的常电；E1 为与 BATT 构成回路的搭铁。

12.7.2　ECM 处理器

ECM 处理器持续监视其内部存储器状态、内部电路和发送至节气门执行器的输出信号。这种自检可以确保 ECM 正常工作。一旦检测到任何故障，ECM 就设定相应 DTC 并点亮 MIL。

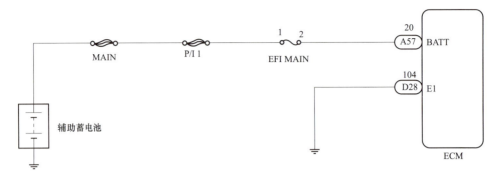

图 12-24 铅酸蓄电池向 ECM 供电电路

ECM 存储器状态由主 MCU（微控制器）和副 MCU（微控制器）的内部"镜像"功能进行诊断，以检测随机存取存储器（RAM）故障。这两个 MCU（微控制器）也持续进行相互监视。

如果发生下列情况，ECM 将点亮 MIL 并设定 DTC：2 个 MCU（微控制器）的输出不同或偏离标准；发送至节气门执行器的信号偏离标准；节气门执行器电源电压出现故障；发现其他 ECM 故障。

12.7.3 ECM 内部发动机关闭计时器性能

供电延时关闭计时器在将电源开关置于 OFF 位置后工作，如图 12-25 所示。将电源开关置于 OFF 位置一段时间后，供电延时关闭计时器激活 ECM，以执行仅在发动机停止后可执行的故障检查。供电延时关闭计时器内置于 ECM。

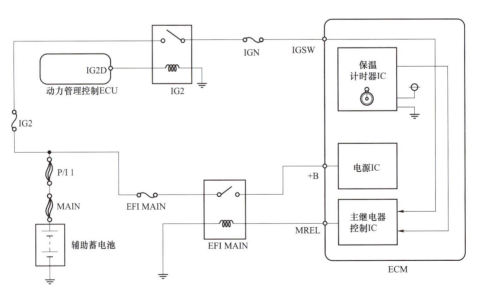

图 12-25 ECM 内部发动机关闭计时器性能

12.7.4 与 HV ECU 失去通信

1. 描述

控制器区域网络（CAN）是一个用于实时应用的串行数据通信系统。它是为车上使用设计的多路通信系统，可以提供高达 500 kbps 的通信速率，还可以用于检测故障。通过 CANH 和 CANL 总线的组合，CAN 能够根据电压差来保持通信。

2. 电路图

发动机 ECM 和动力管理控制 ECU 间的 CAN 通信如图 12-26 所示。电路中的端口：CA1H、CA1L 为 CAN 总线的一个信道；CA3P、CA3N 为 CAN 总线的另一个信道。

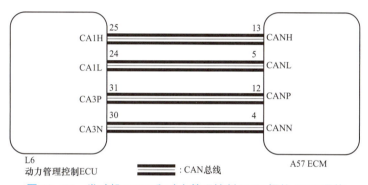

图 12-26 发动机 ECM 和动力管理控制 ECU 间的 CAN 通信

12.7.5 ECM 电源电路

1. 描述

电源开关置于 ON（IG）位置时，铅酸蓄电池电压施加到 ECM 的 IGSW 上。ECM 的端子 MREL 输出信号，使电流流向线圈，闭合 2 号集成继电器（EFI 主继电器）触点，并向 ECM 的端子 +B 和 +B2 供电。

2. 电路图

ECM 电源 5 V 恒压电路如图 12-27 所示。电路中的端口：BATT 为 ECM 的常电；+B、+B2 为 IG 挡给 ECM 的供电，是 ECM 主要执行器的供电；IGSW 由电源管理 IG2D 控制的 IG2 继电器提供唤醒。

12.7.6 VC 输出电路

1. 描述

如图 12-28 所示，ECM 持续将 5 V 铅酸蓄电池电压供给端子 +B（BATT）以操作微处理器。ECM 同时通过 VC 输出电路将该电源供应到传感器。

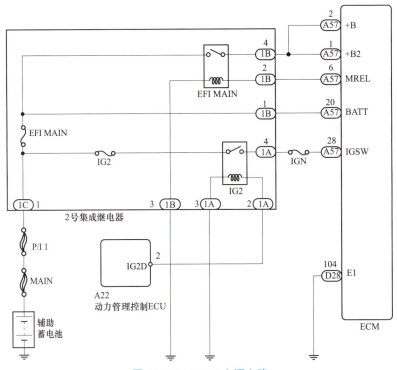

图 12-27 ECM 电源电路

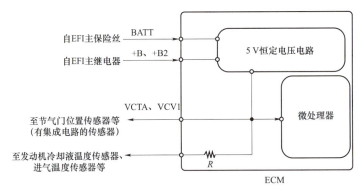

图 12-28 ECM 电源 5 V 恒压电路

VC 电路短路时,ECM 中的微处理器和通过 VC 电路获得电源的传感器由于没有从 VC 电路获得电源而不能激活。在此条件下,系统不能起动,且即使系统故障,MIL 也不亮。

提示:正常状态下,电源开关首次置于 ON（IG）位置时,MIL 点亮并持续数秒。将电源开关置于 ON（READY）位置时,MIL 熄灭。

2. 电路图

从图 12-29 中可见,节气门位置传感器、凸轮轴位置传感器、歧管绝对压力传感器采用了 ECM 内部 5 V 的电源供电。

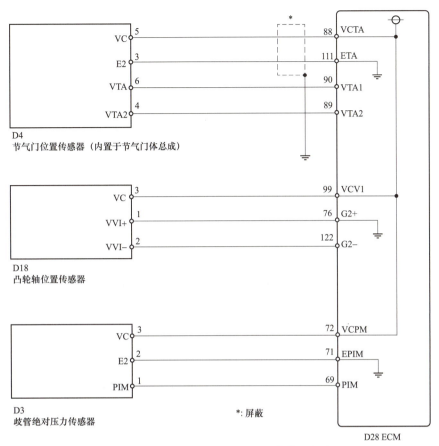

图 12-29　ECM 电源 5 V 供电传感器电路

12.7.7　发动机 ECM 如何检查故障

ECM 接收来自动力管理控制 ECU 的数据，如发动机所需的输出功率（输出请求）、发动机产生的估算转矩（估算转矩）、控制目标发动机转速（目标转速），以及发动机是否处于起动模式。然后，根据输出请求和目标转速，ECM 计算发动机产生的目标转矩，并将其与估算转矩进行比较。如果估算转矩与目标转矩相比非常小，或者发动机在根据冷却液温度计算出的时间内一直处于起动模式，则将检测到异常情况。

12.8　执行器诊断与维修

12.8.1　点火线圈初级/次级电路

在直接点火系统（DIS）中，各气缸由其各自的点火线圈总成和火花塞点火。各点火线圈的高压导线产生的高压直接作用到各火花塞上。火花塞产生的火花通过中心电极到达搭铁电极。

ECM 确定点火正时并为各气缸传输点火（IGT）信号，如图 12-30 所示。ECM 根据 IGT 信号来接通和断开点火器内的功率晶体管，功率晶体管进而接通或断开流向初级线圈的电流。初级线圈中的电流被切断时，次级线圈中产生高压。此高压被施加到火花塞上并使其在气缸内部产生火花。一旦 ECM 切断流向初级线圈的电流，点火器就将点火确认（IGF）信号发送回 ECM，用于各气缸点火。电路图端口：ITG 为触发点火信号；ITF 为点火反馈信号。

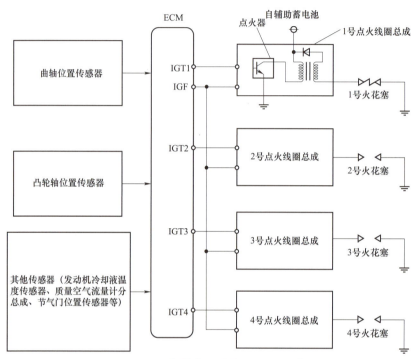

图 12-30 直接点火系统（DIS）组成

直接点火系统（DIS）电路如图 12-31、图 12-32 所示。电路中的端口：IG2D 为电源管理对 IG 继电器的控制端口。

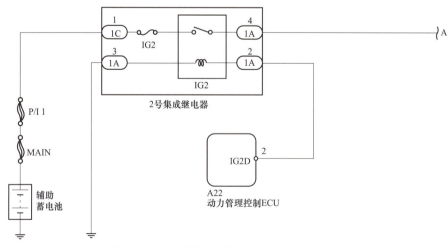

图 12-31 直接点火系统（DIS）电路（一）

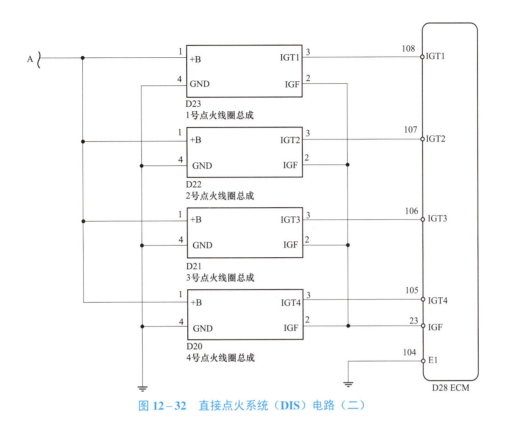

图 12-32 直接点火系统（DIS）电路（二）

12.8.2 点火系统

1. 描述

图 12-33 所示为点火系统中的发动机控制单元（ECM）、点火线圈、火花塞在车上的位置。

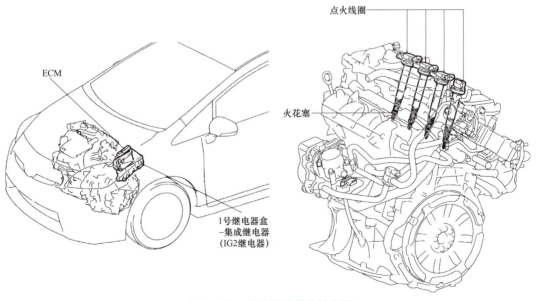

图 12-33 点火系统零件的位置

2. 电路图

点火系统电路如图 12-34 所示，其中 IGT 为点火触发、IGF 为四个带点火模块的点火线圈出现故障时的点火故障反馈线。

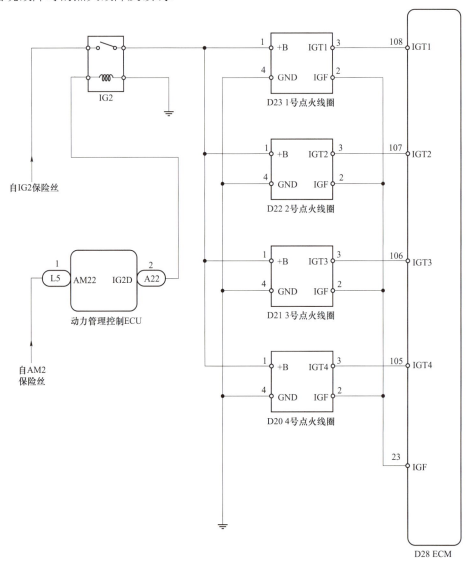

图 12-34　点火系统电路

3. 诊断

若 IGT 点火触发后，IGF 不向发动机 ECM 反馈点火信号，则 ECM 识别为失火故障。

12.8.3　燃油蒸气排放控制系统清污控制阀

1. 描述

发动机暖机后，ECM 改变向清污真空开关阀（VSV）发送的占空比信号，以使碳氢化合物（HC）排放的进气量与所处状态（发动机负载、发动机转速、车速等）相适应。

2. 电路图

燃油蒸气排放控制系统清污控制阀电路如图 12-35 所示。电路中的端口：PRG 为碳罐电磁阀（VSV）的接地控制端；MREL 为主继电器输出，在 IG 挡时此端口输出电流。

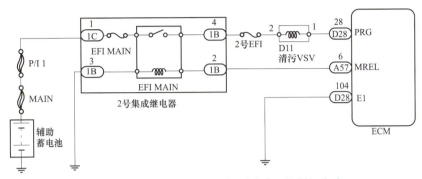

图 12-35　燃油蒸气排放控制系统清污控制阀电路

3. 诊断方法

使用诊断仪进行主动测试（激活 EVAP 控制的 VSV）。从清污 VSV 上断开碳罐侧真空软管，将诊断仪连接到 DLC3；将电源开关置于 ON（IG）位置，并打开检测仪；将发动机置于检查模式（保养模式）；起动发动机经诊断仪进入以菜单"Powertrain/ Engine and ECT/Active Test/ Activate the VSV for Evap Control"；使用检测仪操作清污 VSV 时，检查空气是否被吸入端口。检测仪操作：ON 状态（清污 VSV 打开）为吸气（图 12-36）；OFF 状态（清污 VSV 关闭）为不吸气。

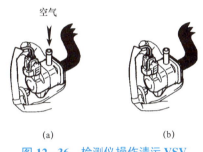

图 12-36　检测仪操作清污 VSV
(a) VSV 打开；(b) VSV 关闭

12.8.4　节气门执行器控制电动机

1. 描述

此电子节气门控制系统（ETCS）不使用节气门拉索。ECM 操作节气门执行器，节气门执行器通过齿轮来打开和关闭节气门。节气门位置传感器安装在节气门体总成上，用于检测节气门开度。节气门位置传感器将反馈信息发送到 ECM。通过这些反馈信息，ECM 可以在响应驾驶员输入时正确控制节气门执行器和监视节气门开度。

失效保护：发动机 ECM 若存储了节气门相关的故障码（DTC），则 ECM 进入失效保护模式。在失效保护模式下，ECM 切断流向节气门执行器的电流，并且节气门在回位弹簧的作用下返回 5.5° 节气门开度。ECM 停止发动机且仅可使用混合动力系统使车辆行驶。如果平稳而缓慢地踩下加速踏板，则车辆会缓慢行驶。

失效保护模式持续运行，直至检测到通过条件且将电源开关置于 OFF 位置。

2. 电路图

电子节气门控制系统（ETCS）电路如图 12-37 所示。电路中的端口：M+ 为节气门执行器电动机正向转动时（节气门开大时）的电流流出方向；M- 为节气门执行器电动机反向转动时（节气门关小时）的电流流出方向；"＋"和"－"不是电压或电流的正、负，而是节气门电机正转或反转时的电流输出端口。

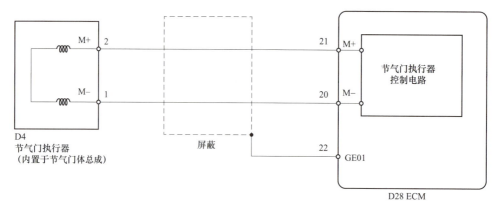

图 12-37　电子节气门控制系统（ETCS）电路

3. ECM 监测电动机电流进行诊断

电子节气门控制系统有一个专用的电源电路。监视电压（+BM）且电压过低（低于 4 V）时，ECM 判定电子节气门控制系统有故障，并切断流向节气门执行器的电流。电压不稳时，电子节气门控制系统也变得不稳。因此，电压低时，流向节气门执行器的电流被切断。如果维修后系统恢复正常，则将电源开关置于 OFF 位置。然后，ECM 允许电流流向节气门执行器，从而使执行器可以重新启动。

电子节气门控制系统（ETCS）电流监测原理如图 12-38 所示。电路中的端口：+BM 为节气门电动机 H 型逆变桥的电源电压供电端口。

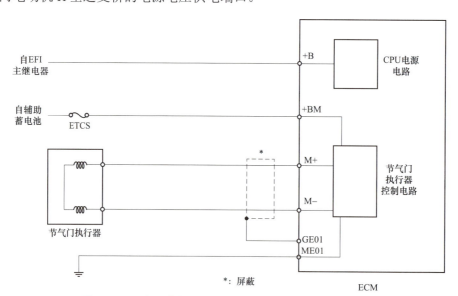

图 12-38　电子节气门控制系统（ETCS）电流监测原理

电子节气门控制系统（ETCS）电路总图如图 12-39 所示。节气门电动机执行器控制电路是 H 桥型电路，可实现正转和反转；BM 端子具有电压监控功能。

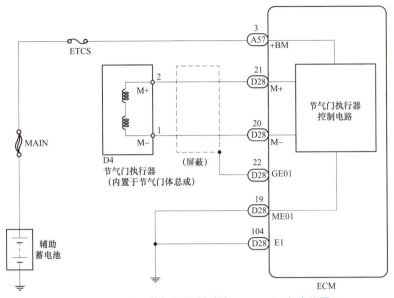

图 12-39　电子节气门控制系统（ETCS）电路总图

12.8.5　发动机冷却液泵

1. 描述

ECM 根据发动机冷却液温度、发动机转速和车速信息计算所需的冷却液流量来控制发动机水泵总成。发动机水泵总成的转速由 ECM 发送的占空比信号无级控制。此最佳控制可提高暖机性能并减少冷却损失，从而降低发动机的特定油耗。根据一定时间内的实际转速高于目标转速这一事实来判断发动机水泵总成转速过高时，ECM 监视发动机水泵总成的转速并设定 DTC（但发动机警告灯不点亮）。

提示：发动机冷却液温度为 117℃（243℉）或更高时，内置于组合仪表总成的发动机冷却液温度指示灯点亮或闪烁。

2. 诊断方法

如果在发动机冷却液不足时持续运行发动机，则可能存储 DTC P148F。车辆送入维修车间时，如果发动机冷却液足量且再次出现 DTC P148F，则确认在发动机冷却液不足时行驶车辆后是否添加了发动机冷却液。

使用诊断仪读取定格数据。存储 DTC 时，ECM 将车辆和驾驶状况信息记录为定格数据。进行故障排除时，定格数据有助于确定故障出现时车辆是运行还是停止、发动机是暖机还是未暖机、空燃比是稀还是浓以及其他数据。

3. 诊断电路

发动机水泵总成电路如图 12-40 所示。电路中的端口：SWP 为带有控制器的电动水泵模块的信号输入；NWP 为电动水泵模块有故障时的信号输出。

12.8.6　可变配气正时系统诊断

1. 描述

可变气门正时（VVT）系统调节进气门正时，以提高操纵性能。发动机机油压力转动

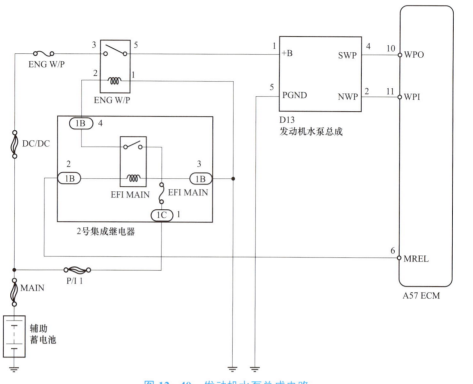

图 12-40 发动机水泵总成电路

VVT 控制器，以调节气门正时，如图 12-41 所示。凸轮轴正时机油控制阀总成是一个电磁阀，并可切换发动机机油管路。ECM 将 12 V 电压施加到电磁阀上时，该阀移动。ECM 根据凸轮轴位置、曲轴位置、节气门位置等数据信息来改变电磁阀（占空比）的励磁时间。

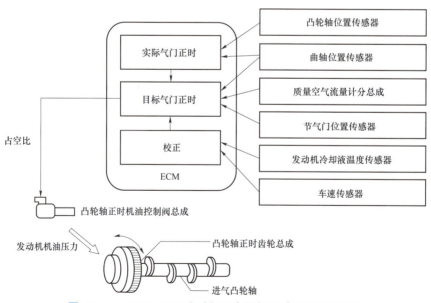

图 12-41 5ZR-FXE 发动机可变配气正时控制系统组成

2. 电路图

5ZR-FXE 发动机可变配气正时控制执行器如图 12-42 所示。电路中的端口：OC1+为可变配气正时调节电磁阀的正极。

图 12-42　5ZR-FXE 发动机可变配气正时控制执行器

3. 诊断方法

使用诊断仪读取存储的 DTC 时，ECM 将车辆和驾驶状况信息记录为定格数据。定格数据有助于确定故障出现时车辆是运行还是停止、发动机是暖机还是未暖机、空燃比是稀还是浓以及其他数据。

发动机机油中的异物卡在系统的某些零件中时，ECM 可能存储 DTC P0011 或 P0012。即使系统短时间后恢复正常，DTC 的存储仍将保持不变。对此，使用机油滤清器滤出异物。

ECM 利用 VVT（可变气门正时）系统使气门正时达到最佳以控制进气凸轮轴。VVT 系统包括 ECM、凸轮轴正时机油控制阀总成和 VVT 控制器（凸轮轴正时齿轮总成）。ECM 向凸轮轴正时机油控制阀总成发送目标占空比控制信号，该控制信号调节供给 VVT 控制器的机油压力。VVT 控制器可提前或延迟进气凸轮轴。

12.8.7　燃油泵控制电路

1. 描述

如图 12-43 所示，NE 信号输入 ECM 时，Tr 接通，电流将流向电路断路继电器线圈，继电器开关接通，向燃油泵供电，且燃油泵工作；产生 NE 信号（发动机运转）时，ECM 将保持 Tr 接通（电路断路继电器接通），燃油泵也保持工作。

2. 电路图

如图 12-44 所示，MREL 端子在打开点火开关后输出电流，使主继电器工作，这时油泵继电器 C/OPN 被供电。FC 端子在 ECM 内部接地，油泵继电器 C/OPN 开关电路接通，给油泵电机供电。

12.8.8　喷油器电路

1. 描述

喷油器位于进气歧管上，根据来自 ECM 的信号将燃油喷入气缸，可能发生积碳，积在喷油器喷口处，导致雾化不良，极少数出现喷油器密封不严而导致漏油。

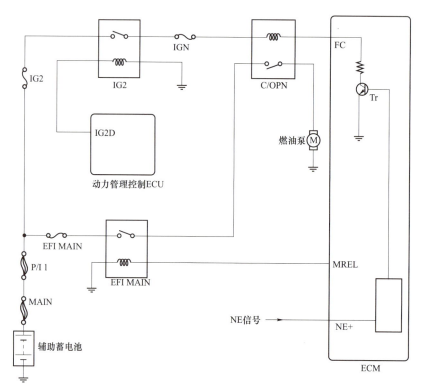

图 12-43 燃油泵控制信号

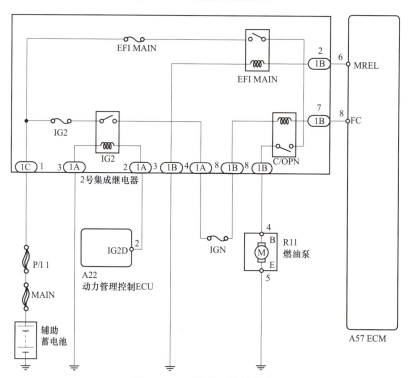

图 12-44 燃油泵控制电路

2. 电路图

如图 12-45 所示,4 个缸采用 4 个喷油器喷油,发动机控制单元 ECM 通过控制内部的开关管来实现对喷油器的控制。

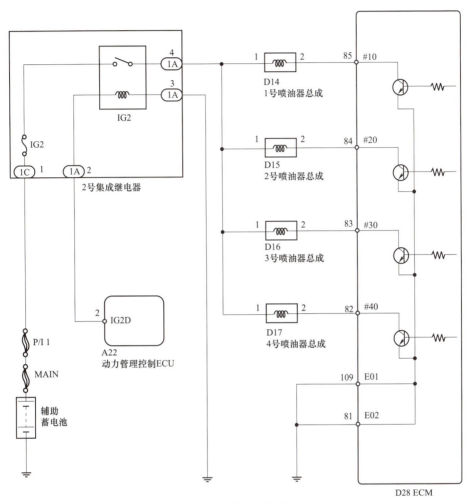

图 12-45 喷油器控制电路

3. 诊断方法

发动机 ECM 监控线路是否存在断路、对地或对正极短路故障。

12.8.9 MIL 电路

1. 描述

MIL(故障指示灯)用于指示 ECM 检测到的车辆故障。将电源开关置于 ON(IG)位置时,向 MIL 电路供电,并且 ECM 提供电路搭铁以点亮 MIL。

可目视检查 MIL 工作情况:首次将电源开关置于 ON(IG)位置时,MIL 应点亮,然后将电源开关置于 ON(READY)位置时熄灭。如果 MIL 一直亮,则说明 ECM 检测到了故障;若一直不亮,则说明仪表灯可能已损坏。

2. 电路图

MIL（故障指示灯）电路如图 12-46 所示，电路中的端口：W 为仪表故障灯的接地控制端口。

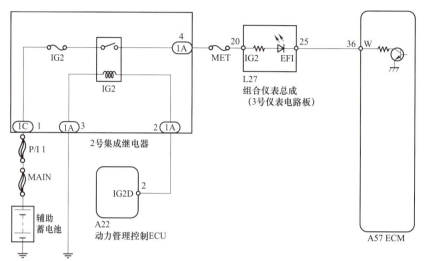

图 12-46　MIL（故障指示灯）电路

12.8.10　继电器控制

集成继电器控制（图 12-47）位于熔丝和继电器盒内，不易找到。集成继电器内部由 4 个继电器组成，分别是 IG2（电源管理 IG2 号继电器）、BATT FAN（高压电池鼓风机继电器）、EFI MAIN（电控燃油喷射系统主继电器）、C/OPN（油泵开路继电器，即油泵继电器）。

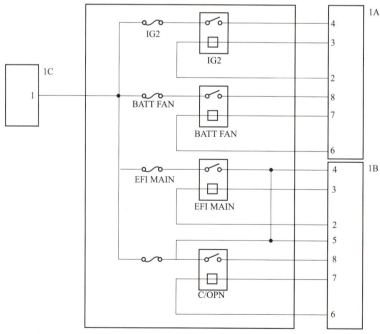

图 12-47　集成继电器控制电路

12.9 米勒循环发动机系统端子测量

12.9.1 ECM 端子识别

图 12-48 可用作识别 ECM 端子位置的参考。图中，D28 为左侧连接器代号；A57 为右侧连接器代号（代号在维修电路图中指定）。

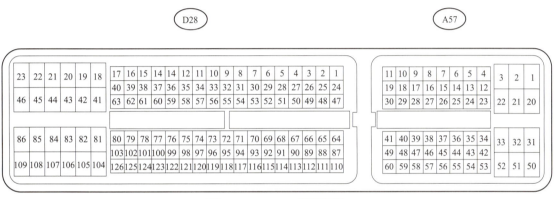

图 12-48 ECM 端子识别

12.9.2 ECM 端子之间的标准正常电压

表 12-2 列出了每对 ECM 端子之间的标准正常电压，还指出了每对端子的相应检查测量条件。将检查结果与"规定状态"栏中每对端子的标准正常电压进行比较，对于 ECM 端子之间的标准正常电压测量是非常重要的。

表 12-2 ECM 端子之间的标准正常电压

端子编号（符号）	配线颜色	端子描述	测量条件	规定状态
A57-20(BATT)-D28-104(E1)	R-BR	铅酸蓄电池（测量辅助蓄电池电压和ECM 存储器）	始终	11~16 V
A57-2(+B)-D28-104(E1)	B-BR	ECM 电源	电源开关 ON（IG）	11~14 V
A57-1(+B2)-D28-104(E1)				
A57-3(+BM)-D28-104(E1)	GR-BR	节气门执行器电源	始终	11~16 V
D28-108(IGT1)-D28-104(E1)	P-BR	点火线圈总成（点火信号）	怠速运转	产生脉冲
D28-107(IGT2)-D28-104(E1)	G-BR			
D28-106(IGT3)-D28-104(E1)	P-BR			
D28-105(IGT4)-D28-104(E1)	Y-BR			

续表

端子编号（符号）	配线颜色	端子描述	测量条件	规定状态
D28－23(IGF)－D28－104(E1)	L－BR	点火线圈总成（点火确认信号）	电源开关 ON（IG）	4.5～5.5 V
			怠速运转	产生脉冲
D28－74(NE＋)－D28－120(NE－)	B－W	曲轴位置传感器	发动机暖机时怠速运转	产生脉冲
D28－76(G2＋)－D28－122(G2－)	B－W	凸轮轴位置传感器		
D28－85(#10)－D28－109(E01)	Y－BR	喷油器总成	电源开关 ON（IG）	11～14 V
D28－84(#20)－D28－109(E01)	B－BR			
D28－83(#30)－D28－109(E01)	L－BR			
D28－82(#40)－D28－109(E01)	R－BR			
D28－85(#10)－D28－109(E01)	Y－BR		怠速运转	产生脉冲
D28－84(#20)－D28－109(E01)	B－BR			
D28－83(#30)－D28－109(E01)	L－BR			
D28－82(#O)－D28－109(E01)	R－BR			
D28－18(HA1A)－D28－46(E04)	G－BR	空燃比氧传感器（S1）加热器	怠速运转	产生脉冲
D28－103(A1A＋)－D28－104(E1)	Y－BR	空燃比氧传感器（S1）	怠速运转	12.3 V
D28－126(A1A－)－D28－104(E1)	BR－BR	空燃比氧传感器（S1）	怠速运转	3.0 V
D28－41(HT1B)－D28－86(E03)	BR－BR	三元催化器效率监测氧传感器（S2）加热器	电源开关 ON（IG）	11～14 V
			怠速运转	低于 3.0 V
D28－125(OX1B)－D28－102(01B－)	L－P	三元催化器效率监测氧传感器（S2）	发动机暖机后，保持发动机转速 2 500 r/min，2 min	产生脉冲
D28－87(KNK1)－D28－110(EKNK)	B－W	爆震传感器	发动机暖机后，保持发动机转速 2 500 r/min	
D28－64(THW)－D28－65(ETHW)	P－BR	发动机冷却液温度传感器	怠速运转，发动机冷却液温度 80 ℃（176 ℉）	0.2～1.0 V
D28－116(THA)－D28－93(ETHA)	P－BR	进气温度传感器（内置于质量空气流量计分总成）	怠速运转，进气温度 20 ℃（68 ℉）	0.5～12.4 V
D28－94(VG)－D28－117(E2G)	B－W	质量空气流量计分总成	怠速运转，换挡杆置于 N 挡，空调开关关闭	0.5～3.0 V
A57－36(W)－D28－104(E1)	LG－BR	MIL	电源开关 ON（IG）（MIL 熄灭）	低于 3.0 V
			电源开关 ON（READY）	11～14 V

续表

端子编号（符号）	配线颜色	端子描述	测量条件	规定状态
D28-90(VTA1)-D28-111(ETA)	Y-G	节气门位置传感器（发动机控制）	电源开关 ON（IG），完全松开加速踏板（节气门全关）	0.5～1.1 V
D28-89(VTA2)-D28-111(ETA)	B-G	节气门位置传感器（传感器故障检测）		2.1～12.1 V
D28-88(VCTA)-D28-111(ETA)	R-G	节气门位置传感器电源（规定电压）	电源开关 ON（IG）	4.5～5.5 V
D28-21(M+)-D28-19(ME01)	L-BR	节气门执行器	发动机暖机时怠速运转	产生脉冲
D28-20(M-)-D28-19(ME01)	P-BR			
D28-28(PRG)-D28-104(E1)	V-BR	清污 VSV	电源开关 ON（IG）	11～14 V
			怠速运转，清污控制下	产生脉冲
A57-8(FC)-D28-104(E1)	R-BR	燃油泵控制	电源开关 ON（IG）	11～14 V
			怠速运转	低于 1.5 V
A57-26(TACH)-D28-104(E1)	Y-BR	发动机转速	怠速运转	产生脉冲
A57-7(TC)-D28-104(E1)	P-BR	DLC3 端子 TC	电源开关 ON（IG）	11～14 V
D28-36(OC1+)-D28-59(OC1-)	G-Y	凸轮轴正时机油控制阀总成	怠速运转	产生脉冲
A57-13(CANH)-D28-104(E1)	P-BR	CAN 通信线路	发动机停止且电源开关 ON（IG）	产生脉冲
A57-5(CANL)-D28-104(E1)	V-BR			
A57-12(CANP)-D28-104(E1)	B-BR			
A57-4(CANN)-D28-104(E1)	W-BR			
A57-28(IGSW)-D28-104(E1)	W-BR	电源开关	电源开关 ON（IG）	11～14 V
A57-6(MREL)-D28-104(E1)	G-BR	EFI 主继电器		
D28-99(VCV1)-D28-104(E1)	R-BR	凸轮轴位置传感器电源	电源开关 ON（IG）	4.5～5.5 V
A57-10(WPO)-D28-104(E1)	L-BR	发动机水泵总成	发动机暖机时怠速运转	产生脉冲
A57-11(WPI)-D28-104(E1)	G-BR			
D28-72(VCPM)-D28-71(EPIM)	L-Y	歧管绝对压力传感器总成	电源开关 ON（IG）	4.5～5.5 V
D28-69(PIM)-D28-71(EPIM)	B-Y	歧管绝对压力传感器总成	电源开关 ON（IG）	3.0～5.0 V
D28-48(G20)-D28-104(E1)	Y-BR	凸轮轴位置信号	怠速运转	产生脉冲
A57-22(FANH)-D28-104(E1)	LG-BR	冷却风扇继电器	电源开关 ON（IG）	11～14 V

续表

端子编号（符号）	配线颜色	端子描述	测量条件	规定状态
A57-21(FANL)-D28-104(E1)	L-BR	冷却风扇继电器	电源开关ON（IG）	11~14 V
A57-46(PWMS)-D28-104(E1)	G-BR	动力模式开关	电源开关ON（IG），动力模式开关关闭	11~14 V
			电源开关ON（IG），动力模式开关打开	0~1.5 V
D28-104(E1)-车身搭铁	BR-车身搭铁	搭铁	始终	小于1 Ω
D28-109(E01)-车身搭铁	BR-车身搭铁			
D28-81(E02)-车身搭铁	VB-车身搭铁			
D28-86(E03)-车身搭铁	BR-车身搭铁			
D28-46(E04)-车身搭铁	BR-车身搭铁			
A57-32(EC)-车身搭铁	WB-车身搭铁			
D28-22(GE01)-D28-104(E1)	WB-BR	节气门执行器的屏蔽接地（搭铁）电路	始终	低于1 V

12.10 米勒循环发动机系统示波诊断

1. 点火触发和反馈波形

发动机怠速运转，点火触发和反馈波形如图12-49所示。示波器探针放在IGT（1~4）和E1之间、IGF和E1之间；示波器设定幅值为2 V/格、时基为20 ms/格。

说明：高脉冲持续时间随发动机转速的增加而变短。

2. 曲轴位置传感器信号

发动机暖机时，怠速运转，曲轴位置传感器信号如图12-50所示。示波器探针放在NE+和NE-之间；示波器设定幅值为5 V/格、时基为20 ms/格。

说明：波长随发动机转速的增加而变短。

3. 曲轴位置传感器信号

发动机暖机时，怠速运转，曲轴位置传感器信号如图12-51所示。示波器探针放在G2+和G2之间；示波器设定幅值为5 V/格、时基为20 ms/格。

说明：波长随发动机转速的增加而变短。

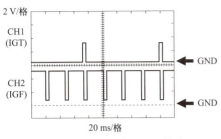

图 12-49 点火触发和反馈波形

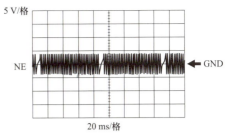

图 12-50 曲轴位置传感器信号

4. 1号（至4号）喷油器信号

发动机怠速运转，1号（至4号）喷油器信号如图 12-52 所示。示波器探针放在#10（至#40）和 E01 之间；示波器设定幅值为 20 V/格、时基为 20 ms/格。

说明：波长随发动机转速的增加而变短。

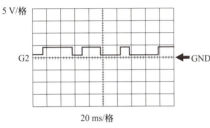

图 12-51 曲轴位置传感器信号

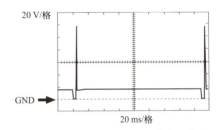

图 12-52 1号（至4号）喷油器信号

5. 空燃比氧传感器（S1）加热器信号

发动机怠速运转，空燃比氧传感器（S1）加热器信号如图 12-53 所示。示波器探针放在 HA1A 和 E04 之间；示波器设定幅值为 5 V/格、时基为 10 ms/格。

说明：波长随发动机工作状态的变化而变化。

6. 三元催化器效率监测氧传感器（S2）信号

发动机暖机后，将发动机转速保持在 2 500 r/min，三元催化器效率监测氧传感器（S2）信号如图 12-54 所示。示波器探针放在引脚 OX1B 和 01B 之间；示波器设定幅值为 0.2 V/格、时基为 200 ms/格。

说明：在诊断仪的数据表中，项目 O2S B1S2 指三元催化器后部的三元催化器效率监测氧传感器，用于显示从三元催化器效率监测氧传感器输入至 ECM 的值。

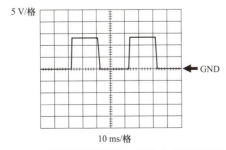

图 12-53 空燃比氧传感器（S1）加热器信号

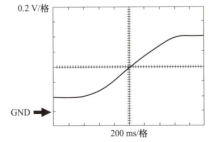

图 12-54 三元催化器效率监测氧传感器（S2）信号

7. 爆震传感器信号

发动机暖机后，将发动机转速保持在 2 500 r/min，爆震传感器信号如图 12-55 所示。示波器探针放在 KNK1 和 EKNK 之间；示波器设定幅值为 1 V/格、时基为 1 ms/格。

说明：波长随发动机转速的增加而变短。波形和振幅根据车辆状况稍有差别。

8. 节气门执行器正极信号

发动机暖机时怠速运转，节气门执行器正极信号如图 12-56 所示。示波器探针放在 ECM 端子 M+ 和 ME01 之间；示波器设定幅值为 5 V/格、时基为 1 ms/格。

说明：波形占空比随节气门执行器的操作而变化。

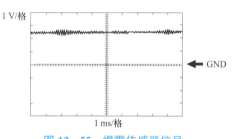

图 12-55 爆震传感器信号

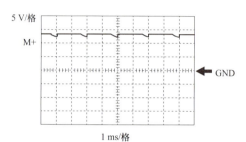

图 12-56 节气门执行器正极信号

9. 节气门执行器负极信号

发动机暖机时怠速运转，节气门执行器负极信号如图 12-57 所示。示波器探针放在 ECM 端子 M 和 ME01 之间；示波器设定幅值为 5 V/格、时基为 1 ms/格。

说明：波形占空比随节气门执行器的操作而变化。

10. 清污真空阀（VSV）信号

发动机怠速运转，清污真空阀（VSV）信号如图 12-58 所示。示波器探针放在 ECM 端子 PRG 和 E1 之间；示波器设定幅值为 10 V/格、时基为 20 ms/格。

说明：清污控制下，如果波形与图 12-58 不相似，则怠速运转 10 min 或更长时间后再次检查波形。

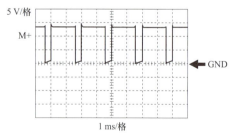

图 12-57 节气门执行器负极信号

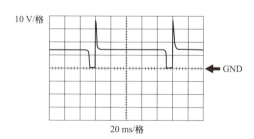

图 12-58 清污真空阀（VSV）信号

11. 发动机转速信号

发动机怠速运转，其转速信号如图 12-59 所示。示波器探针放在 ECM 端子 TACH 和 E1 之间；示波器设定幅值为 5 V/格、时基为 10 ms/格。

说明：波长随发动机转速的增加而变短。

12. 凸轮轴正时控制阀信号

发动机怠速运转，凸轮轴正时控制阀信号如图 12-60 所示。示波器探针放在 ECM 端子

OC14-和 OC1 之间；示波器设定幅值为 5 V/格、时基为 1 ms/格。

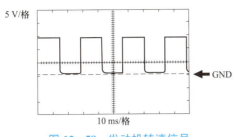

图 12-59　发动机转速信号

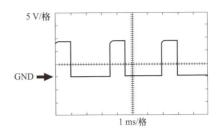

图 12-60　凸轮轴正时控制阀信号

13. CAN 通信信号（参考）

发动机停止且电源开关 ON（IG），CAN 通信信号如图 12-61 所示。示波器探针放在 ECM 端子 CAN-H 和 E1、CAN-L 和 E1 之间；示波器设定幅值为 1 V/格、时基为 10 ms/格。

说明：波形随 CAN 通信信号变化而变化。

14. 凸轮轴转速信号

凸轮轴转速信号自 ECM 传至动力管理控制 ECU 和带转换器的逆变器总成（MG ECU）。

发动机怠速运转，凸轮轴转速信号如图 12-62 所示。示波器探针放在 ECM 端子 G2O 和 E1 之间；示波器设定幅值为 5 V/格、时基为 20 ms/格。

说明：波长随发动机转速的增加而变短。

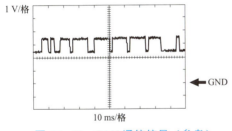

图 12-61　CAN 通信信号（参考）

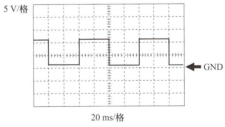

图 12-62　凸轮轴转速信号

12.11　典型工作任务：米勒循环发动机数据分析

米勒 1.8 L 发动机数据分析参考表 12-3，主要内容包括燃油系统数据分析、点火系统数据分析、排放系统数据分析。在工作中，根据数据内容对照诊断仪进行分析。

表 12-3　米勒 1.8 L 发动机数据分析

参数	值	单位	参数	值	单位
车速（Vehicle Speed）	0	km/h	油箱蒸发控制气流比例（Evap Purge Flow）	0	%
发动机转速（Engine Speed）	0	r/min	油箱蒸发控制学习值（Purge Density Learn Value）	0	

续表

参数	值	单位	参数	值	单位
计算的负荷（Calculate Load）	0	%	油箱蒸发控制真空开关（EVAP Purge VSV）	OFF	
车辆的负荷（Vehicle Load）	0	%	油箱蒸发切断真空开关阀占空比循环（Purge Cut VSV Duty）	0	%
质量空气流量计（MAF）	0.18	gm/sec	目标空燃比（Target Air-Fuel Ratio）	0.739	
大气压力传感器（Atmosphere Pressure）	101	kPa（abs）	宽带氧传感器内置的窄带型空燃比氧传感器（AF Lambda B1S1）	1.032	
进气绝对压力传感器（真空度传感器值）（MAP）	100	kPa（abs）	宽带空燃比氧传感器（AFS Voltage B1S1）	12.527	V
冷却液温度（Coolant Temp）	40	℃	宽带空燃比氧传感器平衡用电流值（AFS Current B1S1）	0.08	mA
进气温度（Intake Air）	36	℃	宽带空燃比氧传感器加热占空比值（A/F Heater Duty #1）	19.5	%
发动机运行时间（Engine Run Time）	1 345	s	三元催化器效率监测氧传感器输出电压值（O2S B1S2）	0	V
打开点火开关时的发动机冷却液温度（Initial Engine Coolant Temp）	35.6	℃	三元催化器效率监测氧传感器加热是否激活（O2 Heater B1S2）	Not Act	
打开点火开关时的发动机进气温度（Initial Intake Air Temp）	212.1	℃	三元催化器效率监测氧传感器加热电流值（O2 Heater Curr Val B1S2）	0	A
铅酸蓄电池电压（Battery Voltage）（ECU的供电电压）	14.4	V	空燃比氧传感器的短期燃油修正（Short FT #1）	0	%
燃油泵的工作状态（Fuel Pump/Speed Status）	OFF		油箱蒸发控制真空开关阀占空比（EVAP（Purga）VSV）	0	%
暖机循环清除的故障码数（Warmup Cycle Cleared DTC）	0		是否有加速模式操作（Racing Operation）	Not Opr	
蓄电池电缆断开后运行的距离（Dist Batt Cable Disconnect）	0	km	现在是否有暖机的需求（Request Warm-up）	Not Req	
点火开关关闭的消失时间（IG OFF Elapsed Time）	0	min	发动机是否独立运行的情况（Engine Independent Control）	Not Opr	
TC与TE1连接诊断测试（TC and TE1）	OFF		电动水泵的目标转速（Elec Water Pump Target Spd）	0	r/min
点火触发累积数（Ignition Trig.Count）	356		电动水泵的实际转速（Elec Water Pump Spd）	0	r/min

续表

参数	值	单位	参数	值	单位
发动机 1 缸失火累计数（Cylinder #1 Misfire Count）	0		怠速转速控制学习值（ISC Learning Value）	2.760	L/s
发动机 2 缸失火累计数（Cylinder #2 Misfire Count）	0		失火的发动机转速（Misfire RPM）	0	r/min
发动机 3 缸失火累计数（Cylinder #3 Misfire Count）	0		失火的负荷（Misfire Load）	0	g/rev
发动机 4 缸失火累计数（Cylinder #4 Misfire Count）	0		失火边界（Misfire Margin）	127.00	%
所有缸的失火累计数（All Cylinders Misfire Count）	0		电动冷却风扇电动机（Electric Fan Motor）	OFF	
燃油泵转速控制（FC TAU）	OFF		怠速燃油切断（Idle Fuel Cut）	OFF	
能否与混合动力控制单元通信（Communication with HV）	Comm		需求的发动机转矩（Requested Engine Torque）	0	kW
能否与 ABS/VSC 进行通信（Communication with Brake）	Comm		混动发动机的目标转速（HV Target Engine Speed）	0	r/min
能否与空调 ECU 进行通信（Comm with Air Conditioner）	Comm		实际发动机转矩（Actual Engine Torque）	0	N·m
变速器类型 2（Transmission Type2）	NA		发动机运行时间（Engine Run Time）	255	s
运动模式开关（Sports Mode Switch）	OFF		油箱的液面油位（Fuel level）	Empty	
需要发动机运行的时间（Requested Engine Run Time）	11.9		怠速转速学习值（ISC Learning）	Incmpl	
发动机点火正时（Judge Time Engine Ignition）	2.9		是否有停车需求的燃油切断（F/C for Engine Stop Red）	ON	
发动机正时判定（Judge Time Engine Output）	OK		是否有发动机独立工作（Engine Independent）	Not Opr	

第 13 章

DC/DC转换器控制与诊断

小林遇到丰田普锐斯混合动力汽车后备厢 12 V 铅酸蓄电池馈电，在修理部更换了一块全新的 12 V 蓄电池，可不到一天，车辆 12 V 铅酸蓄电池就再次馈电。你知道解决这个问题要用到哪些知识吗？

（1）能说出升压 DC/DC 转换器原理图的工作原理。
（2）能操作诊断仪，对升压 DC/DC 转换器进行诊断。
（3）能说出降压 DC/DC 转换器原理图的工作原理。
（4）能操作诊断仪，对降压 DC/DC 转换器进行诊断。
（5）能仅操作万用表，对降压 DC/DC 转换器进行诊断。

13.1 增压 DC/DC 转换器的诊断与检修

增压转换器将 HV 蓄电池 201.6 V 的直流增压至最大值（约 650 V）的直流。逆变器将增压转换器增压后的电压转换为用于驱动 MG1 和 MG2 的交流。电机作为发电机工作时，产生的交流通过逆变器转换为直流。增压转换器将该电压降至大约 201.6 V 的直流，以对 HV 蓄电池充电。

DC/DC 转换器的升压原理如图 13 - 1 所示，MG ECU 使用内置于增压转换器的电压传感器（VL）来检测增压前的高压，它也使用内置于逆变器的电压传感器（VH）检测增压后的高压。根据增压前后的电压，MG ECU 控制增压转换器的工作，将电压增至目标电压。

【技师指导】使用诊断仪，检查 HV 蓄电池电压和电流的数据。如果数据值不在图 13 - 2 中的阴影范围内，则说明蓄电池智能单元有故障。

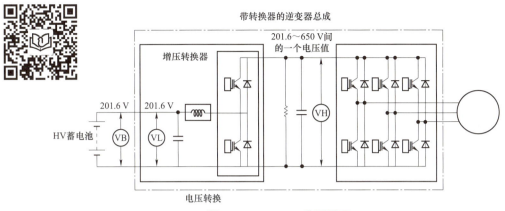

图 13-1 DC/DC 升压原理

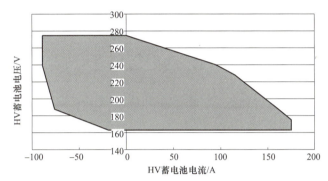

图 13-2 HV 蓄电池电压和电流的关系（20~40 ℃（60~104 ℉））

13.2 降压 DC/DC 转换器的诊断与检修

13.2.1 DC/DC 转换器状态电路 NODD

1. 描述

混合动力车辆转换器（DC/DC 转换器）将 HV 蓄电池的 201.6 V 的直流转换为 12 V 的直流，以对车辆照明、音响和 ECU 系统等部位供电。此外，对辅助蓄电池充电。晶体管桥接电路先将 201.6 V 的直流转换为交流，并经变压器降压；然后，经整流和滤波转换为 12 V 的直流。混合动力车辆转换器控制输出电压，以保持辅助蓄电池端子处的电压恒定。

动力管理控制 ECU 使用 NODD 信号线路向混合动力车辆转换器传输 DC/DC 转换停止、接收指示 12 V 充电系统正常或异常状态的信号。如果车辆行驶时混合动力车辆转换器不工作，则辅助蓄电池的电压将降低，这将阻止车辆继续运行。因此，动力管理控制 ECU 监视混合动力车辆转换器的工作情况，并在检测到故障时向驾驶员发出警告。

2. 原理图

DC/DC 转换器状态控制总电路如图 13-3 所示。

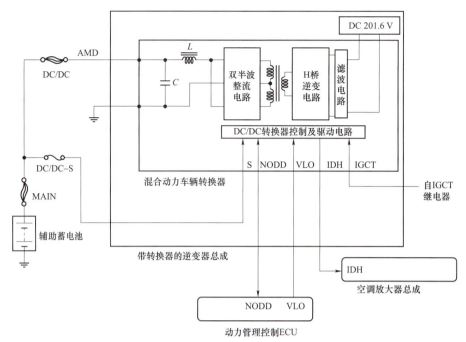

图 13-3 DC/DC 转换器状态控制总电路

3. 电路图

DC/DC 转换器状态电路 NODD 如图 13-4 所示。

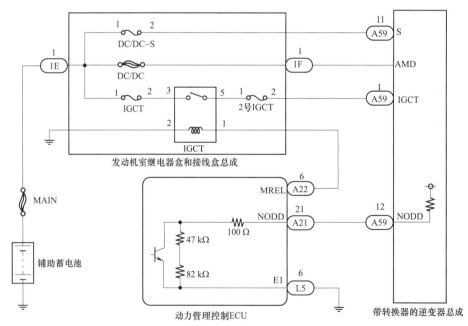

图 13-4 DC/DC 转换器状态电路 NODD

13.2.2　DC/DC 转换器状态电路 VLO

混合动力车辆转换器（DC/DC 转换器）根据动力管理控制 ECU 发送的占空比信号（图 13-5）来控制输出电压（12 V）。

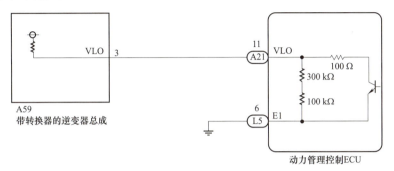

图 13-5　DC/DC 转换器状态电路 VLO

13.2.3　DC/DC 转换器状态电路 IDH

混合动力车辆转换器（DC/DC 转换器）通过 IDH 端子控制空调电加热器是否打开，即 DC/DC 转换器检测自身工作时，不能全力提供充电电流或目前蓄电池电压低时禁止空调加热器操作。

第 14 章

线控换挡控制及诊断

在一次外出救援时，小林遇到一辆丰田普锐斯混合动力汽车的 P 挡线控驻车无法解除。你知道解决这个问题要用到哪些知识吗？

（1）能说出什么是线控换挡杆。
（2）能说出线控换挡杆的选挡原理。
（3）能说出线控换挡杆的换挡原理。
（4）能说出线控换挡模块中快速判断故障的方法。
（5）能说出线控 P 挡开关的工作原理。
（6）能说出线控 P 挡的工作过程。
（7）能说出解除线控 P 挡对变速箱齿轮的锁止的方法。

14.1　选挡和换挡控制

14.1.1　换挡杆传感器

1. 功能

换挡杆（换挡锁止控制单元总成）为瞬间型，如图 14-1 所示。驾驶员换挡后松开换挡杆时，换挡杆可通过弹簧反作用力回到其原始位置。换挡杆含有一个换挡传感器和一个选挡传感器，以检测换挡杆位置（原始位置、R、N、D 或 B）。由于换挡传感器采用霍尔集成电路且选挡传感器采用 MR IC（磁阻效应集成电路），因此能够以可靠的方式准确检测换挡杆位置。两个传感器含有两条检测电路，即一条主电路和一条副电路。

换挡传感器将电压（根据换挡杆的垂直移动在 0~5 V 之间变化）输出至动力管理控制 ECU。动力管理控制 ECU 将来自换挡传感器的低位电压输入视为 R 位置，将中位电压视为原始位置或 N 位置,并将高位电压视为 D 位置或 B 位置。

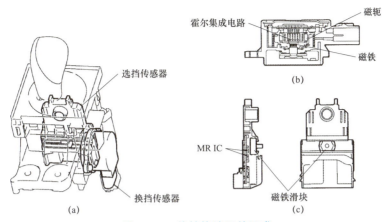

图 14-1 线控换挡元件组成
(a) 换挡锁止控制单元总成;(b) 换挡传感器;(c) 选挡传感器

选挡传感器将电压(根据换挡杆的水平移动在 0～5 V 之间变化)输出至动力管理控制 ECU。动力管理控制 ECU 将来自选挡传感器的低位电压输入视为原始位置或 B 位置,并将高位电压视为 R、N 或 D 位置。

根据来自换挡传感器和选挡传感器信号的组合,动力管理控制 ECU 判定换挡杆所在的位置。

2. 电路原理图

选挡传感器和换挡传感器的电路如图 14-2 所示。

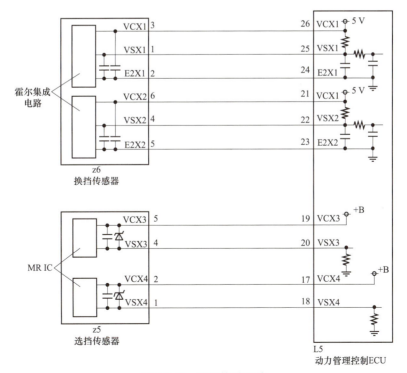

图 14-2 线控换挡电路

图中，VC 是控制单元向传感器提供的 5 V 稳恒电源，VS 是信号输出，E 是搭铁，+B 是 12 V 供电源，X1 是主传感器，X2 是副传感器。

若无特殊指出，霍尔集成电路则一般三线时为电压型、两线时为电流型。在三线电压型中，可知 VS 的信号电压高低取决于左侧霍尔集成电路内部有多少电流流向 E，流过的电流越大，信号电压就越低。从图 14-2 可知，两线电流型的负极线经采样电阻去搭铁，可知负极线在这里才是信号线，线路中的电流越大，信号电压就越高。

14.1.2 线控换挡信号

1. 线控选挡

选挡传感器为两线电流型，为保证可靠，采用冗余控制方式。如图 14-3 所示，原始位置为主挡，线控换挡杆的横向运动称为选挡；H 表示输出电压为 2.9~4.3 V，表示的挡位可以是 R、N、D 挡；L 表示输出电压为 1.0~1.6 V，表示的挡位可以是主挡和 B 挡。

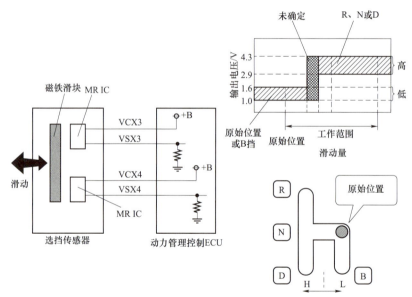

图 14-3　线控选挡

2. 线控换挡

换挡传感器为三线电压型，为保证可靠，采用冗余控制方式。如图 14-4 所示，原始位置为主挡，线控换挡杆的纵向运动称为换挡；H 表示输出电压为 4.2~4.8 V，表示的挡位可以是 D、B 挡；M 表示输出电压为 0.8~4.2 V，表示的挡位可以是 N、主挡；L 表示输出电压为 0.2~0.8 V，表示的挡位可以是 R 挡。

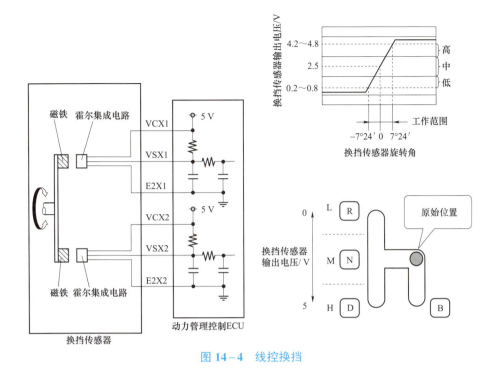

图 14-4 线控换挡

14.2 驻车制动控制

14.2.1 驻车挡和空挡开关

1. 描述

在此,不再将驻车挡作为常规换挡杆的一个挡位,而是在换挡杆上方独立安装一个 P 位置开关(变速器换挡主开关),如图 14-5 所示。此开关为瞬时开关,置于其中的按钮不能机械锁止。P 位置开关含有电阻器 R_1 和 R_2。未按下 P 位置开关时,开关提供 R_1 和 R_2 的合成电阻;且按下 P 位置开关时,开关仅提供 R_1 的电阻。动力管理控制 ECU 端子 P1 的电压随开关电阻的变化而变化。根据该电阻信号,动力管理控制 ECU 判定 P 位置开关的操作情况。

2. 电路图

驻车挡开关电路如图 14-5 所示。

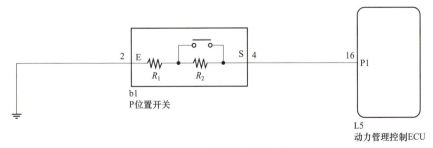

图 14-5 驻车挡开关电路

14.2.2 换挡控制模块

1. 描述

如图14-6所示,按下P挡开关,P挡开关向动力管理控制ECU提供一个接地信号,以及变速器换挡主开关或换挡杆的换挡锁止控制单元总成的信号时,动力管理控制ECU将P挡控制(PCON)信号传输至变速器控制ECU总成。基于此信号,变速器控制ECU总成驱动换挡控制执行器总成,以机械锁止(或解锁)混合动力车辆传动桥总成的中间轴主动齿轮。

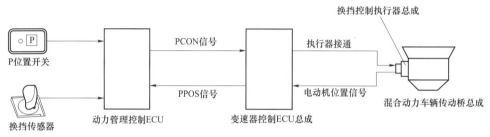

图14-6 P挡的控制过程

2. 电路图

如图14-7所示,变速器控制ECU总成将执行器总成的P位置状态(接合或松开)作为P位置(PPOS)信号发送至动力管理控制ECU。

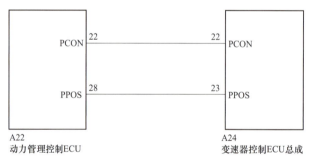

图14-7 P挡控制和反馈